क्यों

मिर्ज़ा हफीज़ बेग

नोमान, सदिया और सिम्मू के लिए

क्रम-सूची

1

दोस्त-दुश्मन

जले हुए मकान और बिखरी हुई लाशों से भरी गली में छुप-छुप कर दबे पांव बढ़ता हुआ एक आदमज़ाद...। छुप कर ताक में बैठे दो चेहरों की नज़र में आ जाता है। वे जल्दी से अपनी बंदूकें तान लेते हैं।

"क्या कहता है, खोपड़ी खोल दूं?" एक पूछता है।

"अबे, पहले देख तो ले दोस्त है या दुश्मन।" दूसरे ने कहा।

"क्या फर्क पड़ता है दोस्त हो या दुश्मन, कत्ल तो इनसानियत का ही होना है।"

"परिणाम की सोच..."

"परिणाम है नफ़रत, इधर बढ़े या उधर, बढ़ना तो नफ़रत को ही है। चलाएं गोली?"

धांय्...! एक गोली... और वह ज़मीन पर गिर पड़ा। सिर से लाल खून का फ़व्वारा फूटा और ज़मीन पर बह निकला। दोनों ने नफ़रत से मुंह दूसरी तरफ फेर लिया।

*

2

शतरंज की एक बाज़ी

1

.

बाज़ी

"kp4" दाऊ हीरा लाल ने बादशाह के सामने के प्यादे को दो घर आगे बढ़ाया। चोवाराम ने दाऊ जी की तरफ देखा मानो वह दाऊ जी के दिमाग को पढ़ने की कोशिश कर रहा हो। फिर वह मुस्कुराया जैसे वह जान गया हो कि दाऊ जी की अगली चाल क्या होगी और उसने भी काली गोटियों से खेलते हुए अपने बादशाह के सामने वाले प्यादे को दो घर आगे ले जाकर दाऊ जी के इस प्यादे की चाल खत्म कर दी।

"हूंss !" बहत्तर वर्षीय दाऊ जी यानि दाऊ हीरा लाल ने धीरे से हुंकार भरी और हौले से मुस्कुराये। जहां तक दाऊ जी चोवाराम को जानते हैं, उन्होंने अंदाज़ा लगाया था कि चोवाराम जवाब में सिलिकॉन डिफेंस अपनायेगा लेकिन इसने तो आक्रामक चाल से शुरुआत की है। आखिर इस समय इसका माइंडसेट क्या है? क्या उसे समझ नहीं आ रहा कि उसके बादशाह के ऊंट के सामने वाला ख़ाना खतरे

में आ सकता है? इसे जांचने के लिये दाऊ जी ने अपने वज़ीर को बादशाह के सामने लगा दिया और चोवाराम की प्रतिक्रिया का इंतज़ार करने लगे।

"ई लिफाफा कैसन हवे रे चोवाराम।" किसी ने आवाज़ लगाकर पूछा।

"अरे एह त नौकरी के बुलावा आय. . ." चोवाराम ने जवाब दिया। नौकरी के बुलावा सुनकर सबके कान खड़े हो गये थे। ऐसे समय में जब पढ़ लिखकर सबके बच्चे निठल्ले घूम रहे थे; यह खबर सब को चौंकाने वाली तो थी ही।

"काकर आय रे?" अब दाऊ जी से भी नहीं रहा गया तो पूछ बैठे।

"जवाहर के लईका के आय दाऊ।" अगले ने जवाब दिया।

चोवाराम का ध्यान भंग हो गया। वह बड़ी लगन से यह सोचने में मगन था कि आखिर दाऊ जी के दिमाग में कौन सी चाल है?

"जवाहर? वो गहिरा[1], जे हमर जानवर ल चराथे?"

"हव दाऊ। एमे त नाम ओकरेच आय जीतन राम यादव।"

चोवाराम समझ नहीं पा रहा था कि आखिर दाऊ जी के दिमाग में चल क्या रहा है। दाऊ जी को अगर मेरे सी2 पे अटैक करना होता तो वे वज़ीर को एक घर आगे ले जाते। लेकिन यह चाल तो आजकल बच्चे ही चलते हैं, क्या वे अपना बादशाह साईड का घोड़ा बाहर निकालकर वही गेम घोड़े और वज़ीर की सहायता से खेलेंगे?

"ला ये लिफाफा मोला दे दे। मैं खुद देवंव ओला।" दाऊ जी ने लिफाफा लेकर अपने पास रख लिया।

चोवाराम का माथा ठनका। ये बड़े लोगों की नीयत का कोई ठिकाना नहीं।

"नई दाऊ जी मैं एकर बलदा(बदले) में कुछ मिठाई अऊ पैसा मांगहू।" चोवाराम ने एतेराज़ किया लेकिन दाऊ जी से एतेराज़ जताने की हिम्मत उसमे नहीं थी; यह उसकी आवाज़ से साफ जाहिर था।

"अरे, वो गहिरा कहाँ ले दिही। ले मैं देवत हौं।" कहकर दाऊ जी ने सौ-सौ के दो नोट चोवाराम की जेब में ठूस दिये। चोवाराम के पास अब एतेराज़ करने की हिम्मत ही न रही। वह गेम छोड़ कर उठ गया। अपना बैग उठाया और दाऊ जी की बैठक से बाहर निकल गया।

"अरे ई सारे चरवाहा मन के लईका पढ़ लिख कर नौकरी करही त हमर लईका मन का करही रे!" चोवाराम के कानों में पीछे से ये आवाज़ सुनाई पड़ी। वह चिंतित हो गया। एक मिनट को वह रुका लेकिन फिर अपनी साईकल उठाकर चला गया।

☙

2

खिलाड़ी

'माल गुजर गे अऊ गुजारा चलत हे. . .' मालगुज़ारों के बारे में यह कथन छत्तीसगढ़ के गांव देहात में आजकल बड़ा प्रचलित है। लेकिन दाऊ हीरालाल के बारे में ऐसा नहीं कहा जा सकता। उनके माल का हिसाब न तो इनकम टैक्स वालों के पास होगा न उनकी अपनी पार्टी और न चुनाव आयोग के पास। उनकी ज़मीन कोई एक गांव तक सीमित थोड़ी है। दाऊ जी के ज़मीन जायदाद का हिसाब तो उनके मस्तिष्क में मौजूद तंत्रिका तंत्र के जाल में ही छुपा हुआ है। कौन सी ज़मीन कहाँ पर है कितनी है और उस पर कौन काम करता है। ज़मीन का कौन सा टुकड़ा रेगहा में बोया जा रहा है कौन सा अधिया में और किस खेत में मज़दूर लगाकर खेती हो रही है। कहां मॉल है कहां मकान, यह सब उन्हें ज़ुबानी याद रहता। बेशक इतनी बड़े साम्रज्य मे उनके पुरखों का उतना योगदान नहीं जितना स्वयं दाऊ जी का है। यानि दाऊ हीरा लाल सिर्फ नाम के मालगुज़ार नहीं है। और सच कहें तो मालगुज़ार शब्द उनकी प्रतिभा के साथ न्याय नहीं कर सकता। वे कभी विधायक कभी सांसद और कभी मंत्री पद को भी सुशोभित कर चुके हैं। और अब बस अपने कई पदों की पेंशन पर सुख शांति भरा जीवन व्ययतीत कर रहे हैं। हां यह जीवन सुख शांति भरा कतई नहीं होता अगर उनकी यह राजनैतिक विरासत उनका पुत्र न सम्हाल रहा होता।

दाऊ जी ने अपनी राजनीति कांग्रेस के सहारे चलाई थी। लेकिन अब तो ज़माना कांग्रेस का रहा नहीं इसी लिये बेटे को बीजेपी में फिट कर दिया। अब पार्टी कोई भी हो, दाऊ हीरालाल का बेटा होना ही पार्टी में अच्छी पोजीशन की ग्यारंटी है। सो आज-कल दाऊ जी निश्चिंत रहकर अपनी राजनैतिक विरासत को फलते फूलते देख रहे थे।

जब दाऊ जी ने होश सम्हाला तो आज़ादी का जोश और जुनून, देश की रगों में अभी ठंडा नहीं पड़ा था। देश की बागडोर भी अभी कांग्रेस के हाथ में ही थी और हम सुनहरे कल की ओर बढ़ रहे हैं जैसे जुमले दाऊ जी को आशा से भर देते थे।

होश सम्हालते ही दाऊ जी को समझ आ गया था कि मालगुज़ारी का भविष्य राजनीति में ही है। राजपाट के पुराने तरीके हवा हो चुके हैं। आज बाज़ुओं के ज़ोर से शासन नहीं चलने वाला। शासन तो चलने वाला है पैसे के ज़ोर से। उन्होंने पूंजी वाद को जितनी अच्छी तरह पहचाना उतनी अच्छी तरह तो कम्यूनिस्टों ने भी नहीं पहचाना था। और उन्होंने तो न सिर्फ पहचाना बल्कि उससे फायदा उठाना भी खूब सीखा। इसी लिये तो उनके धुर विरोधी कम्यूनिस्ट आज कहां नज़र आते हैं?

दाऊ जी ने तो अच्छी तरह जान लिया कि इंवेस्ट्मेंट ही पूंजी वाद का मूल मंत्र है। और हमारे देश की राजनैतिक व्यवस्था भी इसका अपवाद नहीं। यहाँ राजनीति में भी वही मंत्र चलता है, पैसा लगाओ पैसा कमाओ। वह भी बहुत सी सुविधाओं और छूट और तामझाम के साथ। यहाँ इंवेस्ट करो और पुराने दौर के सामंतो जैसा जीवन जियो। आगे पीछे फौज फर्राटा और नौकरशाहों की बिछ बिछ जाने वाली भीड़। यह सब भला पुरानी मालगुज़ारी में भी इतना आसान तो नहीं।

उन दिनों भी वे कम्युनिस्टों की इस थ्योरी से इतेफाक नहीं रखते थे कि पूंजी वाद सामंतवाद की लाश पर कायम होता है; बल्कि वे यह मनाते थे कि पूंजी वाद तो सामंतवाद का परिष्कृत रूप है। यह सामंतो को पनाह भी देता है; क्योंकि सामंतो का धन यहाँ नई पूंजी के रूप में उपयोगी ही है। ... और ठीक इसी लिये सामंतवाद के पूंजी वाद में संकरण को उन्होंने न सिर्फ खुले दिल से स्वीकारा, बल्कि स्वागत किया और उसे अपनाया भी। उनका कहना था कि पूंजी वाद में राजनीति भी एक उद्योग ही है जहां से आप अच्छे रिटर्न्स की आशा कर सकते हैं। यह राजनीति में उनका इंवेस्टमेंट ही था जो आज अच्छा खासा रिटर्न दे रहा है। वे अच्छी तरह जान गये थे, आज के दौर की ताकत है, पैसा! जो पैसा लगायेगा वो पैसा बनायेगा। और यह भी बड़ी अच्छी तरह जान चुके थे कि राजनीति भी एक पेशा ही है; जैसे व्यापार, वकालत या वेश्यावृत्ति।

हां, अगर हवा का रुख पहचानने मे वे इतने माहिर न होते तो इनका भी वही हाल हुआ होता जो इनके चाचा और उनके चचेरे भाइयों का हुआ। राजनीति में इनके जैसी सफलता इनके चाचा और भाइयों को नसीब नहीं हो सकी। कारण? वही निजी प्रतिभा।

शिक्षा के चलते दाऊ हीरालाल जी का प्रारम्भिक जीवन रायपुर में बीता और उन्हें यहीं से शतरंज की लत लगी थी जो अब तक उनके साथ है। गांव में वापस बसने के बाद उन्हें शतरंज में कोई जोड़ीदार चाहिये था सो उन्होंने अपने नौकर-चाकर से लेकर मिलने जुलने वाले हर एक को शतरंज का खिलाड़ी बना दिया। गांव में शतरंज को लोकप्रिय बनाने या कहिये कि, गांव को शतरंज से परिचित कराने के

लिये भी उन्हें सम्मान की नज़र से देखा जाता है। ऐसा नहीं कि वे शतरंज की कोई चैम्पियनशिप जीत लाये हों लेकिन आजकल उनके इर्द-गिर्द हर किसी को शतरंज का जो ज्ञान है वह दाऊ जी की ही देन है। उनसे जुड़ा हर व्यक्ति यह जानता है कि जो शतरंज के जितना करीब वह दाऊ जी के उतना ही करीब। यानि इसी बैठक में ज़माने से शतरंज की बिसात बिछी रही है। बिछी रही और चलती रही। अबाध गति से। फिर चाहे दाऊ जी गांव में हों या न हों।

राजनीति से रिटायर हो कर दाऊ जी ने अपने पुश्तैनी गांव को ही अपना स्थाई ठिकाना बना लिया था। यहाँ मालगुज़ारी का ठाठ था। अपनों की संगत थी। सुकून था, और सबसे बढ़कर तो अपने साम्राज्य, संतान और जात बिरादरी की राजनीति पर नियंत्रण था।

और फिर यहाँ हमेशा से शतरंज की बिसात भी तो बिछी रही है; चाहे वे गांव में रहे हो या नहीं।

शतरंज की इन्हीं बैठकों के एक महारत्न थे पोस्टमैन चोवाराम। चोवाराम के बारे में यह कहा जाता कि दाऊ जी को शतरंज में कोई टक्कर दे सकता है तो वह है; चोवाराम। लेकिन कुछ लोग दबी ज़ुबान में चोवाराम को दाऊ जी से बीस ही मानते। और दाऊ जी को भी किसी और से ज़्यादा चोवाराम के विरुद्ध खेलना भाता। "खिलाड़ी टक्कर का हो तभी तो मज़ा है।" दाऊ जी चोवाराम के बारे में यही कहा करते। सच पूछो तो शतरंज चोवाराम का शौक नहीं बल्कि लत थी।

दरअसल बात यूँ है कि, गांव के प्रवेश स्थल पर ही दाऊ जी की हवेली है। हवेली पुरखों की ज़रूर है लेकिन इसकी आन-बान उन्हीं के दम से कायम है। यानि दाऊ हीरा लाल के दम से। हवेली के एक सिरे पर एक चबूतरे पर उनकी बैठक है। इस चबूतरे के आधे हिस्से पर छप्पर है और आधा हिस्सा खुला है। यहाँ दिन भर गांव के, जात बिरादरी के और राजनीति में रुचि रखने वाले लोगों की महफिल जमी रहती। गांव की राजनीति में जात बिरादरी के वर्चस्व की सारी रणनीतियाँ इसी बैठक में बनती। चुनाव के समय गांव में जो शराब की नदियाँ बहती हैं, उनका स्रोत तो यही बैठक है। पैसा, कपड़ा सब कुछ इसी दरबार से पालागी करके तो गुज़रता है।

इसी चबूतरे की परिक्रमा करते हुए एक राह गुज़रती है जो गांव में प्रवेश के लिये सबसे प्रचलित रास्ता है। अब यह सम्भव ही नहीं कि गांव में कोई जाये आये और दाऊ जी की पालागी का सौभाग्य प्राप्त किए बिना गुज़र जाये। फिर पोस्टमैन चोवाराम की मजाल नहीं कि गांव की डाक लेकर आये और नज़र बचाकर यहाँ से गुज़र जाये? ग्राम देवता की आज्ञा के बिना भला ग्राम प्रवेश कैसा? यहाँ पहुंचते ही

चोवाराम अपनी पोस्टमैन वाला बैग एक तरफ फेंकता और दाऊ जी को परनाम कर सीधा शतरंज की बिसात पर जा बैठता। और फिर चोवाराम के "अरे! तोर हाथी त मरत हे रे!" या "घोड़ा से चेक दे रे!" जैसे जुमलों के चलते हाथापाई की नौबत आ जाती। मजबूरन लोग गेम छोड़कर उठ जाते और चोवाराम को खेलने का मौका मिल जाता। और वहां मौजूद लोग चोवाराम का बैग खोलकर अपनी अपनी डाक खुद ही निकाल लेते और गांव की बाकी सारी डाक निकालकर वहीं बैठक में रख देते। फिर वहाँ से गुज़रते हुए लोगों को आवाज़ दे देकर उनकी डाक थमा दी जाती। अब इससे चोवाराम को यह फायदा होता कि उसे घर-घर जाकर डाक बाटने से छुट्टी मिल जाती और दाऊ जी को यह फायदा होता कि जबकि मोबाईल और इंटरनेट के इस युग में जहाँ चिट्ठियां तो आती नहीं, तब किसके पास कौन से कागज़ात आ रहे हैं यह पता रहता। यानि कि गांव की गतिविधियों पर नज़र रहती। कौन अपनी ज़मीन किसे बेच रहा है? कौन किस मुकदमे आदि में लगा है और उसका क्या मामला बनता है; आदि आदि।

3

चाल यानि रणनीति

आज पोस्टमैन चोवाराम सफेद मोहरों से खेल रहा था। उसने आज प्यादों को फार्वर्ड रखकर खेलने की ठान ली। कभी सुन रखा था कि प्यादों के आधार पर बनाई गई रणनीति सबसे सफल होती है।

उसने प्यादों को एक दूसरे के सपोर्ट से आगे बढ़ाना शुरू किया। अनुभवी दाऊ जी के चेहरे पर एक व्यंग भरी मुस्कान उभर आई। नौजवान चोवाराम ने अपनी रणनीति नहीं बदली और देखते देखते बिसात पर एक खूबसूरत कॉम्बिनेशन उभर आया। हैरान दाऊ जी ने सफेद प्यादों की इस आड़ी तिरछी दीवार को तोड़ने

की कोशिश की लेकिन प्यादे के बदले अपने तकतवर मोहरों की कुर्बानी देने की हिम्मत नहीं जुटा सके। भरी बिसात का सबसे स्वतंत्र मोहरा घोड़ा जो मोहरों के ऊपर से जम्प करके विरोधी के खेमे में घुस जाता है; वह भी इस दीवार को भेद न सका क्योंकि प्यादों की इस दीवार के सामने का हर खाना किसी न किसी प्यादे की मार में था और मुफ्त में प्यादे से घोड़े को मरवाना कोई समझदारी की बात तो नहीं थी। गांव के लोग देख रहे हैं। क्या सोचेंगे?

मजबूरन दाऊ जी को भी प्यादे आगे रखने पड़े और देखते देखते बड़े ताकतवर मोहरों के पास हिलने डुलने की भी जगह नहीं बची।

दर्शकों ने ऐसी चाल पहले कभी नहीं देखी थी। ऐसी बाज़ी नहीं देखी थी। अब क्या होगा? वे सांस रोके इस अजीब जमावड़े का तोड़ देखने का इंतेज़ार करने लगे।

लेकिन जीतन राम यादव की डाक दाऊ जी के हाथ में जाने के बाद से चोवाराम को चैन ही नहीं था। ये दाऊ लोग अपने सामने किसी को आगे बढ़ते हुए देख ही नहीं सकते। रह रह कर उसे अपने पीछे से सुनाई दिये वे शब्द याद आते, "अरे ई सारे चरवाहा मन के लईका पढ़ लिख कर नौकरी करही त हमर लईका मन का करही रे!"

वह बरसों से गांव की सारी डाक दाऊ जी की बैठक में ही छोड़ता आया है, लेकिन वह कभी इतना चिंतित नहीं रहा। डाक अपनी सही जगह पहुँची या नहीं यह कभी उसके चिंता का विषय नहीं रहा। फिर इस बार वह हर रोज़ पूछ ही लेता, "जीतन राम यादव के लिफाफा पहुंच गे?" और हर बार उसे जवाब में इनकार ही मिलता।

उसने फिर यह सवाल पूछा और बिसात पर विकट स्थिति में फंसे दाऊ जी बुरी तरह झुंझला उठे।

"तोला बड़ चिंता लग गे है रे चोवाराम? तोला पईसा त मिलगे न, अब चुप लगा के बइठ जा नई त इहाँ तोर नौकरी खतरा में पड़ जाही।"

चोवाराम जानता है झुंझलाया हुआ खिलाड़ी गलत चाल खेलता है।...

෮

4

एंड गेम

आज बहुत दिनों के बाद चोवाराम का मन खेल में लग रहा था। आज उसके खेल की धार देखते ही बनती थी। एक से बढ़कर एक चाल जो दाऊ जी को लगातार परेशानी में डाल रही थीं। देखने वाले दर्शकों को डर था कि कहीं यह आज दाऊ जी को हरा ही न दे। दाऊ जी फिर भी तो मालिक आदमी ठहरे अपनी हार उन्हें कभी पसंद नहीं रही। फिर हार चाहे राजनीति में हो, मुकदमे में हो या शतरंज में। दाऊ जी को हार कभी स्वीकार नहीं। लेकिन दाऊ जी भी कोई कच्चे खिलाड़ी तो न थे। वे भी चोवाराम की एक गलती का इंतज़ार कर रहे थे, "बस एक चूक और..."

"चेक!" अचानक दाऊ जी चिल्लाये। यह अच्छी चाल थी। अब चोवाराम का बादशाह पिन में है। भले उसका एक प्यादा सातवें खाने तक पहुंच गया है... अगर वह अपना बादशाह हटाता है तो अपना वज़ीर गंवाता है। और हुआ भी वही।

"राम राम दाऊ जी," तभी जीतन राम यादव ने दाऊ जी को पालागी करते हुए बैठक में प्रवेश किया।

"कहां चले गे रेहे रे जीतन? एक महीना ले ऊपर होगे तोर लेटर आ के माढ़े हे।" दाऊ जी ने दिखावटी स्वर में कहा।

"तोर आसिर्वाद से नौकरी म लग गेंव दाऊ जी। जाईन करे बर गे रहेंव।" जीतन ने कहा।

"लेकिन तोर लेटर तो इहींच माढ़े आय रे! फेर नौकरी कैसे जाईन कर डारे रे?" दाऊ जी ने अंदर ही अंदर तिलमिलाते हुए पूछा।

"वाह, पहले के जमाना नी रह गे दाऊ जी। मोला त मोर मोबाईल से पता लाग गे रेहे। ये इंटरनेट के जमाना हे दाऊ जी।"

दाऊ जी का मुंह खुला का खुला रह गया।

"मिठाई नाने हंव दाऊ जी मुँह मीठा करके मोला आसीस देवव।" जीतन राम यादव ने दुर्ग के जलाराम स्वीट्स की मिठाई का डिब्बा खोलकर आगे बढ़ा दिया।

दाऊ जी की आँखों में खून उतर आया था।

चोवाराम ने वज़ीर की कुर्बानी देकर, अब तक सातवें खाने में अटके अपने प्यादे को आठवें खाने में पहुंचा दिया।

"चेक और मेट" चोवाराम ने शतरंज की बिसात से उठते हुए कहा।

दाऊ जी ने देखा चोवाराम ने अपने प्यादे को आठवें घर में पहुँचा कर वज़ीर बना कर चेक दिया था और अब दाऊ जी के पास कोई चाल नहीं बची थी।

बेबस दाऊ जी के मुंह से दांत पीसते हुए इतना ही निकला, "तैं चीटिंग करे हस रे चोवाराम यादव..."

लेकिन पोस्टमैन चोवाराम यादव को यह सुनने की फुर्सत कहां?

*

[1] गहिरा : छत्तीसगढ़ में यादवों की एक उपजाति जो मवेशी चराने के काम से संबद्ध है।

3

हमाम में नंगे

अल्लाह हो अकबर, अल्लाह हो अकबर। अल्लाह हो अकबर, अल्लाह हो अकबर।

अल्लाह सबसे बड़ा है, अल्लाह सबसे बड़ा है। अल्लाह सबसे बड़ा है, अल्लाह सबसे बड़ा है।

मुअज़्ज़िन की पुकार गूंज उठी। ठंड के मारे शमशाद मियां की हिम्मत नहीं हुई कि बिस्तर से बाहर निकले। बेगम ने आकर जगाया- ”उठ भी जाओ। अज़ान हो रही है। नमाज़ कज़ा हो जायेगी।”

“अरे अभी अज़ान ही तो हो रही है। जमात में वक्त है अभी। फ़ज्र की जमात और अज़ान के बीच काफ़ी वक्त रहता है।” कसमसाकर शमशाद मियां ने कहा। इतनी देर में मुअज़्ज़िन ने शहादत के कलमात बोल दिये थे और अभी सदा लगा रहा था कि- हयया अलस्सलात, हयया अलस्सलात। हयया अलल फ़लाह, हयया अलल फ़लाह।

आओ नमाज़ की ओर, आओ नमाज़ की ओर। आओ सफलता की ओर, आओ सफलता की ओर।

बेगम ने कहा “उठ भी जाओ। बहुएँ जाग जायेंगी तो क्या कहेंगी।”

जब मुअज़्ज़िन ने पुकारा- अस्सलातो खैरुम्मिनन्नौम,अस्सलातो खैरुम्मिनन्नौम

नमाज़ बेहतर है नींद से, नमाज़ बेहतर है नींद से...

तो शमशाद अली आखिर उठ ही बैठे।

◐◑

शमशाद अली ने एक गहरी सांस खींची और धीरे से कदम दरवाज़े के बाहर निकाला। बड़ी मायूसी से आसमान की तरफ़ नज़र उठा कर देखा। अल्लाह उसे देख रहा है; इस बात का उसे पूरा यकीन है। पता नहीं यह ठंड का मौसम क्यों आ जाता है। बूढ़ी हड्डियां क्या बर्दाश्त करेंगी? अभी तो ठंड शुरू हुई है और ये हाल है कि सुबह बिस्तर से उठना मुश्किल हो जाता है। सारा जिस्म रात भर में अकड़ चुका होता है। फ़ोड़े की तरह जिस्म की एक एक रग दुखती रहती है। क्या ही अच्छा हो अगर ठंड का मौसम कभी आये ही न।

चलते हुए उसने सिर हिलाया और धीरे से मुसकुरा उठा। अपने मुसकुराने पर उसे खुद यकीन नहीं हुआ। हंसना मुसकुराना तो जैसे वह भूल ही चुका था। पहले आती थी हाल ए दिल पे हँसी, अब किसी बात पर नहीं आती...।

इस उम्र में ऐसा ही होता हो शायद। हंसी आती नहीं, उदासी जाती नहीं। सिर्फ एक खयाल हर दम सताता है; किस लिये आखिर किस लिये ज़िंदा हूं। सब कुछ तो देख लिया। और कुछ इस तरह देखा कि अब और कुछ देखने की तमन्ना ही बाकी नहीं रही। सच कहो तो आगे कुछ भी देखने से डर लगता है। सच कहो तो कुछ अच्छे की कोई उम्मीद ही नहीं। ज़िंदगी को एक बुरे खवाब की तरह जिए जा रहे हैं। अगर कहीं मौत से इत्तेफ़ाकन मुलाकात हो जाये तो, कसके गले मिलना है। हां उस मलेकुल मौत को भी एहसास हो जाये कि दुनिया में उसका चाहने वाला भी कोई है। सचमुच मौत इतनी बुरी शय नहीं कि जिस तरह लोग उससे डरते हैं। ये तो हर डर से हर नागहां परेशानियों से निजात दिलाती है।

ज़िंदगी को बहुत प्यार हमने किया, मौत से भी मुहब्बत निभायेंगे हम...। सच में, ये शायर भी क्या बात कह जाते हैं...। क्या ज़माना था उन गानों का। क्या दीवानगी थी उन फ़िल्मों की...। अपनी जवानी के और कमसिनी के दिन याद कर वह फिर बरबस ही मुसकुरा उठा।

इसके पहले भी तो वह मुसकुराया था। किस बात पर? हाँ, क्या ही अच्छा हो अगर ठंड का मौसम कभी आए ही न? इस बात पर उसे अपना बचपन याद आ गया, जब वह सोचता था क्या ही अच्छा हो अगर ठंड का मौसम कभी जाए ही न।

उसके बचपन के वे दिन उसे याद आ गये जब उसके दादा-दादी अपनी अकड़ी हुई हड्डियों को सीधा करते हुए ठंड को कोस रहे होते तो वह किस तरह बिगड़ उठता– “ठंड को क्यों बुरा बोलते हैं, आप लोग? ठंड तो सबसे अच्छा मौसम है।” ऐसा नहीं था कि दादा-दादी के ठंड को कोसने से ठंड को मौत ही आ जायेगी। बस

उसे यह जताना होता था कि उसे ठंड का मौसम ही सबसे प्यारा लगता है। दादा-दादी क्या कहते? बस मुसकुरा देते –"अरे अभी नया खून है न? जब बुढ़ापा आयेगा तब पता चलेगा।" क्या राज़ था उनकी मुस्कान का? क्या उन्हें भी अपना बचपन याद आता होगा? या शायद जवानी...?

"मैं कभी बूढ़ा नहीं होऊंगा?" वह तब चिढ़कर कहता।

"क्या हमेशा जवान बने रहोगे?" वे हँसकर कहते।

"जवान नहीं, बच्चा?" वह कहता। दादा-दादी दोनों एक दूसरे की तरफ़ देखकर मुसकुरा उठते।

ठंड के दिनों को दादा और दादी आग के सहारे ही काटते। आंगन के पेड़ के झड़े हुए पत्ते जो ओस से भीग चुके होते और जलने पर धुआँ देते। धुआँ जो आंख में जलन पैदा करता और दादी की बद्दुआएँ पाता। शमशाद और सभी भाई बहन बाड़ी में मौजूद झाड़ियों से सूखी लकड़ियां बटोरकर लाते और उनपर पत्ते बिछाकर आग जलाते। सभी भाई बहन दादा और दादी के साथ आग के इर्द-गिर्द जमा होकर आग तापते हुए उनकी कहानियों का मज़ा लेते।

अब तो उस आग का सहारा भी नहीं रहा। दौर ए ज़माना ही बदल गया है। क्या किया जाये? देख लो शमशाद अली, दादा-दादी के बुढ़ापे पर हँसे थे; अब अपना बुढ़ापा देख लो। बड़ा कहते थे न कभी बूढ़ा नहीं होऊंगा। क्या है तुम्हारे हाथ में? क्या रह गया है तुम्हारे पास? आग तापने का सहारा भी तो नहीं रहा कि किसी तरह ठंड तो कटे। ऊपर से सुबह सुबह बाहर खदेड़ दिये जाते हो कि "अज़ान हो रही है। मस्जिद जाओ, नहीं तो नमाज़ कज़ा हो जायेगी।"

शमशाद अली कभी बहुत धार्मिक नहीं रहे। हाँ, ये ज़रूर रहा कि अल्लाह और अल्लाह के रसूल पर ईमान तो रखते थे। बस, नमाज़ में कोताही बरतते थे। फ़िर भी उन्हें पक्का यकीन था कि अल्लाह उन्हें भी चाहता है; जैसे और दूसरे लोगों को चाहता है। क्यों नहीं चाहेगा? आखिर हर हराम काम से दूर रहा हूं। कोई गलत काम नहीं किए। रिज़्क ए हलाल पर ही ज़िंदगी गुज़ारी है। उसे नापसंद हो ऐसे हर काम से बचता रहा। क्यों नहीं चाहेगा?... यह भी पूरा यकीन था कि गुनाहगार हैं, नमाज़ें कज़ा तो की हैं और जहन्नुम तो जाना ही है। फ़िर भी दिल के किसी कोने में यह अहसास ज़रूर था कि अल्लाह ज़रूर रहम करेगा। अल्लाह के रहमान और रहीम होने में तो कोई शुबह ही नहीं था। अल्लाह जैसी शफ़क़त और कहाँ? दुनिया उसकी शफ़क़त को समझने से भी कासिर है। कुछ ऐसा ही रिश्ता था उसका अपने रब, अपने मालिक के साथ।

कुछ ऐसा ही था वह। आज जैसा तो बिल्कुल नहीं। लम्बी सी सफ़ेद दाढ़ी, कुर्ता पायजामा। बिल्कुल एक दीनदार मुसलमान की तरह। वैसे भी इस उम्र में अब उसे यही भेस ज़ेब देता है। लोग इज़्ज़त करते हैं...। इज़्ज़त तो उसने वैसे भी बहुत कमाई थी। और इज़्ज़त के लिये कोई खास मेहनत भी नहीं करनी पड़ी। बस ईमानदार बना रहा। ड्यूटी ईमानदारी से की। काम से जी नहीं चुराया। झूठ और फ़रेब से दूर रहा। ऐसा भी नहीं कि नौकरी के दौरान सौंपा गया काम हमेशा पूरा ही हुआ है। लेकिन लोगों ने कहा अगर शमशाद से नहीं हुआ तो काम में ही कोई समस्या है। नौकरी के आखिरी कुछ बरसों में तो उसने कई बार नए आने वाले अपने अफ़सरों को भी डांटा फटकारा है। मजाल है किसी ने बुरा माना हो। यह सब किसी करिश्मे जैसा ही तो लगता है। यह सब कुछ अल्लाह की ही तो अता है। वह जिसे चाहे इज़्ज़त बख्शे। वह रब्बुलइज़्ज़त है...।

❦

लेकिन यह सब रिटायरमेंट के पहले की बात है। अब तो ज़माना गुज़र गया है इन बातों को। अब तो यह सब सपने जैसा लगता है। अब तो यह बातें याद भी कभी-कभी ही आती हैं। ठीक बचपन की बातों की तरह। ज़िंदगी कहाँ-कहाँ से गुज़रती हुई कहां आ गई है? और किन किन मरहलों से गुज़रना है; पता नहीं। उसने एक आह भरी और बेचारगी से एक गहरी सांस छोड़ दी। दिल बहुत भारी हो गया। अल्लाह तआला ये बेकारी और लाचारी के दिन किसी को न दिखाये...। रिटायरमेंट विदाउट पेन्शन...। लानत ही है ज़िंदगी पर। सारी ज़िंदगी अपनो का, घरबार का बोझ उठाओ, अपने दिल पर पत्थर रखकर। एक दिन तो आयेगा, जब कोई जवाबदारी नहीं रहेगी। किसी की कोई ज़िम्मेदारी नहीं रहेगी। अपना कमाया पैसा होगा अपने हाथ में और अपना वक्त होगा। लेकिन क्या अपना वक्त आया कभी? खयाल तो खयाल ही होते हैं। पी एफ़, ग्रेच्यूटी और छोटी बड़ी दूसरी जो कुछ रकम हाथ आई वह तो यूँ देखते देखते उड़ गई। बगैर कमाई के तो कारून का खज़ाना भी कम पड़ता है...

आज तो ख़यालों में खोये शमशाद मियां, चलते हुए कब इस गली तक पहुंच गये पता ही नहीं चला। बगल वाली गली में मौजूद गुरुद्वारे से अरदास की आवाज़ कान में पड़ी तब खयाल आया। यह दूसरी गली से आने वाली, गहरे खयालों में डूबी सी पुरसुकून आवाज़ एक ज़माने से उसे आकर्षित करती रही है। यह दूसरी गली से नहीं, शायद किसी दूसरी दुनिया से ही आ रही है; एक पुरसुकून दुनिया से। इसे सुनने वाले भी जैसे एक दम के लिये, एक सुकून भरी दुनिया पहुंच जाते हैं। पता

नहीं यह सुकून हक़ीकत की दुनिया में क्यों नहीं है?

अभी जमात को बहुत वक़्त है। जिस दिन शमशाद अली घर से जल्दी निकल आते हैं तो वक़्त गुज़ारने के लिये रास्ते को लम्बा कर लेते हैं। इसमें घूमना भी हो जाता है। और यह अक्सर ही होता है; लेकिन मौसम और सेहत साथ दे तो।

वह एक चक्कर लेकर, गुरुद्वारा वाला रास्ता पकड़ लेता है। किस्मत हुई तो उसका पुराना दोस्त लक्खा यानि लखविंदर मिल जायेगा। वह अक्सर सुबह सैर को निकलता है और दोनों की मुलाकात हो गई तो गुरुद्वारे तक दोनों का साथ हो जाता है। आज भी किस्मत अच्छी थी, सो वह नज़र आ गया। उसने दूर से ही हाथ हिलाते हुए रुकने का इशारा किया और ज़रा पास पहुंचने से पहले ही अपनी आदत के अनुसार चिल्लाते हुए पूछा– "और भई, क्या बात है आज फ़िर जल्दी? लगता है भाभी ने लात मारकर निकाल दिया।"

शमशाद मियां ने बुरा नहीं माना। वे दोनों बचपन के दोस्त थे और नौकरी में भी दोनों का साथ बना रहा। इसलिये वे दोनों लँगोटियाँ यार रहे हैं। और लक्खा तो हमेशा से ऐसा ही रहा है; बिंदास। यारों का यार। उसे देखते ही चेहरे पे रौनक आ जाती है। सारी दुश्चिंतायें हवा हो जाती हैं।

"लगता है, तू आज लात खाकर निकला है।" शमशाद ने मुसकुराते हुए कहा।

"ओय यारा, सब के घर की यही कहानी है। हमाम में सभी नंगे हैं।" लक्खे ने हाथ थामते हुए कहा। दोनों साथ साथ चलने लगे।

दोनों हम उम्र थे, सो कुछ महीने के आगे पीछे ही रिटायर हुए थे। लेकिन रिटायरमेंट के बाद, हालात ने दोनों को दूर दूर कर दिया था। दिल से दूर नहीं, बस मिलना जुलना कम हो गया था।

"और सुना कब आया।" शमशाद मियां ने पूछा, "इस बार बड़े दिनों बाद मुलाकात हुई...।"

"हां यार, इस बार फ़ेरा ज़रा ज़्यादा लम्बा हो गया।" चलते चलते लखविंदर सिंह कहता जा रहा था- "दिल्ली में रहा। हरजीत और उसकी बहू छोड़े ही न। चंडीगढ़ से मनजीत और छोटी बहू के फ़ोन पर फ़ोन आते रहे। वहां कुछ दिन रहा तो बेटी दामाद ने फ़ोन कर कर के परेशान कर दिया, वहां भी जाना पड़ा। बस यार रब भला करे, इसी तरह बच्चों के बीच भागते दौड़ते ज़िंदगी बीत रही है। रब उना दा भला करे, दोनों बेटा बहू, ते बेटी दमाद भी बड़ा खयाल रखदे हैं। और की चाईदा लाईफ़ विच?"

"सच है यार। इतने अच्छे बच्चे हों तो और क्या चाहिये ज़िंदगी में।" शमशाद ने सहमति जताई, "हमारी खुशियों का मरकज़ तो ये औलाद ही है। तू फ़ालतू उन्हें

छोड़कर यहाँ आ जाता है। आखिर यहां ऐसा रखा ही क्या है।"

"ओए! कमाल करता है यार तू; हमारी अपनी भी लाईफ़ है। बूढ़े हो गये हैं, तो क्या।" लक्खा शरारत से हंस दिया, "फ़िर यारा, यहां के घर की भी तो देख भाल करनी है। बड़ी मेहनत से बनाया है। छोड़ थोड़ी सकते हैं। फिर पड़ा रहेगा तो बच्चों के काम आयेगा। बिक गया तो पैसा कितने दिन टिकेगा? नाती पोते आते हैं छुट्टियाँ मनाने तो उनके लिये एक ठिकाना तो है।"

"हां तेरी बात सही है यार।" शमशाद ने जैसे आह भरकर कहा हो।

"होर तु सुना, भाभी बच्चे कैसे हैं? तू ठीक तो है?"

"मुझे क्या होना है? मैं भी बिल्कुल ठीक हूं, तेरी तरह। बहुएँ, बेटे खिदमत करते हैं। बेटियां आती जाती रहती हैं। मज़े में कट रही है।" शमशाद ने कहने को तो कह दिया लेकिन दिल डर से कांप गया। अल्लाह के घर जा रहा हूं नमाज़ पढ़ने और झूठ...। यह बात इतनी सच भी तो नहीं है। मज़े में तो नहीं है। बस कट रही है। और किस तरह कट रही है, यह तो वही जानता है। लेकिन क्या शिकायतें करना? अपनी जांघ खोलकर दिखाने से खुद को ही शर्मिंदगी उठानी पड़ती है। लेकिन वह पहले अल्लाह से इतना डरता नहीं था; क्योंकि झूठ नहीं बोलता था। हां सच है, नमाज़ें भी कज़ा करता था, लेकिन जानता था कि अल्लाह तआला इसकी वजह बेहतर जानता था। और कम से कम दिखावे की इबादत तो नहीं करता। दिखावे की इबादत तो शिर्क है। सबसे बड़ा गुनाह; जिसकी कोई माफ़ी नहीं। लेकिन अब के हाल में जो इबादत है वह तो रस्म ए ज़माना भर है। या शायद वक़्त गुज़ारने का तरीका। इसी बात के लिये उसे आज कल अल्लाह से बड़ा डर लगा रहता है वरना तो वह ज़िंदगी भर कभी नहीं डरा। हां ! अब भी उसे, अल्लाह के रहमान और रहीम होने पर पूरा भरोसा है।

बातों ही बातों में वे गुरुद्वारा तक पहुंच गये।

"अच्छा यार, नमाज़ में रब से मेरे लिये भी दुआ करना; मैं भी तेरे लिये दुआ करूंगा। रब किसी एक की भी दुआ कबूल कर ले तो..., वैसे तो दोनों ही पापी ठहरे।" कहकर लखविंदर गुरुद्वारे की तरफ़ चल पड़ा और शमशाद मस्जिद की तरफ़।

⌘

नमाज़ के बाद शमशाद मियाँ ने बड़ी अनिच्छा से मस्जिद के बाहर कदम रखा। कुछ देर दूसरे नमाज़ियों के साथ गपशप में गुज़ारी। जब सब चले गये तो घर की राह पकड़नी पड़ी। घर जाकर सब की नज़र में खटकने से बुरा क्या है। मर्द की ज़िंदगी भी अजीब है, जब तक कमाई है तब तक तो सब जगह आप की बड़ी

आवभगत है। घर बैठने के बाद तो घर में भी अवांछित हो जाते हैं...। किस्मत तो पाई है लक्खे ने। बेटे, बहुएँ, बेटी, दामाद सभी पूछते हैं। कुछ दिन नहीं गये तो बुलाने के लिये फ़ोन पर फ़ोन करते हैं। दूर-दूर जो रहते हैं। मैंने सब को समेट कर एक जगह रखना चाहा, सोचा पूरा घराना एक होकर रहेगा। लोग मिसालें देंगे हमारे घर की, हमारी एकजहति की। और देखो अंजाम...। लेकिन अब किया क्या जा सकता है।

चौक से गुज़रते हुए एक चाय के ठेले पर चाय की केतली से उठती हुई गरमागरम भाप को देखकर चाय की तलब जाग उठी। जेब टटोलकर देखा। हिम्मत नहीं हुई। जब कमाई न हो तब एक एक पैसा भी कीमती होता है। बहुत बार सोचा कि अपना खर्च चलाने के लिये कुछ छोटा मोटा काम धंधा ही कर लें; लेकिन बेटा बहू झिड़कते हैं कि अब इस उम्र में काम करके, ज़माने में हमारी रुसवाई कराने का इरादा है? लोग क्या कहेंगे? बूढ़े बाप को पाल नहीं सकते? दस मुंह दस बातें। बीवी कहती है क्या कर लोगे अब काम करके? छोड़ो न, क्यों अब बुढ़ापे में अपनी भी फ़जीहत और बच्चों की भी फ़जीहत कराने पर तुले हो। दो वक़्त की रोटी तो दे रहे हैं न...? यह भी उन्हीं की तरफ़दार हो गयी है, जब से रिटायर हुआ हूँ...।

लेकिन चाय की तलब हावी होने लगी। चाय तो घर में भी मिल ही जाती है लेकिन इस तरह की ताज़ा ताज़ा चाय...? भटकते भटकाते जब घर पहुंचेंगे, तब सुबह की बनी हुई चाय गरम करके परोस दी जायेगी। बहुत बुरा लगता था, शुरू शुरू में। आदत नहीं थी न ! कभी अपने राज में भला इस तरह चाय पी थी? सुबह तो नींद ही नहीं खुलती थी चाय के बगैर। ताज़ी गरमागरम चाय और प्याली से उठती हुई उसकी खुशबू...। गुस्सा तो इतना आता है...। लेकिन क्या कहें बेगम को, कहती है- "कोई तमाशा मत खड़ा करो। चुप चाप पी लो। अब अपना राज नहीं रहा घर पर।"

ये औरतें भी न... !!

शमशाद मियां चाय के ठेले के पास जाकर खड़े हो गये। चाय की गरमागरम भाप और उससे उठती खुशबू ने सारी ठंड भुला दी। चाय वाले ने झट से गिलास में ढालकर, एक हाफ़ बढ़ा दी।

"नहीं नहीं ! चाय नहीं चाहिये।" बड़ी अनिच्छा से उसने मना किया; हालांकि दिल तो कह रहा था लपक ले गरमागरम चाय।

"मैं तो किसी का इंतज़ार कर रहा था।" सफ़ाई में, मजबूरन एक झूठ फिर बोल उठे और दिल ही दिल में अल्लाह से तौबा भी करने लगे।

"तो यहां क्यों खड़े हो? थोड़ा दूर खड़े रहो न। धंधा क्यों खराब कर रहे हो।" चाय वाले ने चाय वापस केतली में उडेलते हुए झिड़क कर कहा। गिलास में निकाली चाय वापस केतली में डालने के कारण उसे बड़ा गुस्सा आ रहा था। शमशाद मियां को गुस्सा ज़रूर आ रहा था; लेकिन गुस्सा दिखाने के लिये भी हैसियत की ज़रूरत होती है। आज उनकी हैसियत इस चाय वाले के बराबर भी नहीं थी। जब तक नौकरी में थे किसी की मजाल थी इस तरह बात करें? वक़्त वक़्त की बात है। जब नाईट शिफ़्ट छूटती थी, और गेट से निकलकर चाय के ठेले पर गरमागरम चाय का गिलास हाथ में थामे दोस्तों के साथ गपशप लड़ाते खास तौर पर लक्खे के साथ तो वक़्त का पता ही नहीं चलता। हां सब पुरानी बातें हैं...। शमशाद ने एक आह भरी। क्या बुरा है अगर एक बार फ़िर वहां जाया जाये? नाईट शिफ़्ट छूटी होगी। कोई एकाध पुराने लोग भी मिल जायें। हो सकता है कोई चाय वाय भी पिला दे। अच्छा, ऐसा भी तो हो सकता है सुबह सुबह वहीं चाय का ठेला लगा लिया जाए। दो घंटे का धंधा है। कमाई भी हो जायेगी और किसी को पता भी नहीं चलेगा।

शमशाद ने सोचते सोचते ही यह तय कर लिया कि, इस खयाल को अंजाम तक पहुंचाना ही है; और पक्के इरादे के साथ वे पैदल ही बोरिया गेट की तरफ़ चल पड़े।

बोरिया गेट पहुंचकर शमशाद अली, मानो अपने पुराने दौर में वापस लौट गये। यादों के जाने कितने झरोखे खुल गये। लगा कि यहां का एक एक पेड़, एक एक झाड़ी उन्हें पहचानती है। यहां की ज़मीन के एक एक इंच ज़मीन के खिते से वे वाकिफ़ हैं। 'वकिफ़ हैं' कहना शायद नाकाफ़ी होगा। यह सब तो उनके वजूद का एक हिस्सा रहा है। बरसों बरस रहा है। सिर्फ रहा है नहीं, बल्कि अब भी है। हां, यह सब अब भी मेरे वजूद का हिस्सा है। इससे मुझे और मुझ से इसे अलग नहीं किया जा सकता। यहां का एक एक ज़र्रा अब भी मेरी रग-ओ-जां में खून के साथ रवां दवां है और दिल में धड़कन की तरह धड़क रहा है। ...और मैं हूं कि, मुझे ही पता नहीं। लेकिन एक पराए पन का अहसास भी क्यों है? इसमें परायापन कैसा? ये अनजान चेहरों का हुजूम ! बेशक, यहां की रौनक अब पहले से ज़्यादा हो गयी है। एक ज़माने में सिर्फ नाईट शिफ़्ट से छूटने वाले कर्मचारियों से आबाद रहने वाला यह बाज़ार अब आम शहरियों की तफ़रीह का भी मरकज़ बन गया है। शमशाद ने तो इस बाज़ार को, एक एक दुकान करके अपने सामने आबाद होते देखा है। शुरुआत तो बस एक चाय के ठेले से हुई थी, जब सुबह सवेरे इयूटी से छूटने वाले कर्मचारी यहां रुककर चाय की चुस्कियों से अपनी रात भर की थकान उतारते। एक से दो और दो से तीन ठेले, फ़िर बच्चों के चड्ढी बनियान वाले का अनियमित पसरा, फ़िर एक सब्जी वाले का पसरा फ़िर तो इसे सड़क की दूसरी तरफ़ मैदान की ओर शिफ़्ट

करना पड़ा और देखते देखते बाज़ार ने आज का रूप ले लिया। अब तो सोचना पड़ रहा है कि कौन सी चीज़ है जो यहां बिकने नहीं आती।

शमशाद अली काफ़ी देर तक इसी उधेड़बुन में लगे बाज़ार में घूमते रहे कि किससे इस बारे में बात करें और क्या बात करें। दुकानदारों में आधे से ज़्यादा लोग अब भी पुराने लोग ही थे। शमशाद अली को बरसों से जानते थे लेकिन लम्बी दाढ़ी, कुर्ता पायजामा और टोपी में कोई अब तक पहचान नहीं सका था। लेकिन मसला यह नहीं था। लोग तो पहचान ही लेंगे, वह कोई भूलने वाली चीज़ भी नहीं था। डर था कि उसके चाय बेचने के इरादे के बारे में जानकर लोग क्या कहेंगे? क्या सोचेंगे? चालीस साल बी एस पी की नौकरी करने के बाद भी यह हाल कि अब चाय बेचेंगे? क्या कहूंगा? कैसे कहूंगा? अपनी तकलीफ़ किस किस से बयां करूं? सोचते सोचते हिम्मत जवाब देने लगी। इरादे कमज़ोर पड़ने लगे, कि तभी अल्लाह ने मदद की...

शमशाद ने वहां एक सरदार जी को चाय बेचते देखा तो हैरानी हुई। पहले नहीं था... लगता है शायद नया हो, बाद में आया हो। उसके पास बहुत भीड़ थी और शमशाद अली भीड़ के ऊपर से नज़र आती उसकी पगड़ी को ही देख पा रहे थे। जिज्ञासा वश और करीब पहुंचते ही अचानक शमशाद अली चीख ही पड़े- "लक्खे !!!"

೮೨

"क्या बताता यारा ! रोने से ज़ख़्म भरते नहीं, और गहरे होते हैं। बेटे-बहुएँ ते बेटी-दामाद... सब अपनी जगह ठीक हैं शमशादे ! बस हम ही गुज़रा हुआ ज़माना हो गये हैं। नए ज़माने पर बोझ।" लखविंदर सिंह के आंसू थमने का नाम नहीं लेते। दोनों दोस्त बहुत दिनों बाद आज साथ मिलकर रोये थे।

"जाने दे यार, सबके घर की यही कहानी है। हमाम में सभी नंगे हैं।" शमशाद अली ने दिलासा देते हुए कहा।

ग्यारह बज रहे थे। बाज़ार अधिकतर उठ चुका था। ज़्यादातर चाय दुकानें बंद हो चुकी थीं। दोनों दोस्त वहीं बाज़ार में चाय-नाश्ता कर चुके थे। सड़क लगभग सूनी हो चली थी और दोनों दोस्त सड़क के डिवाईडर पर बैठे सर्दियों की धूप सेंक रहे थे।

"सच पूछो तो हमारे बच्चों का कसूर नहीं है यार," लखविंदर कह रहा था, "कसूर तो हालात का है। सोच हमारे ज़माने में ज़िंदगी कितनी सादा थी। और कितनी आसान? कितनी बेफ़िक्री थी। आज की जनरेशन के पास क्या है? सिर्फ आंकड़े ! विकास के !! तरक्की के !!! इन आंकड़ों का क्या अचार डालेंगे? नौकरियां

घटती जा रही है। छोटे, मझोले कारोबारों पर भी बड़ी बड़ी इजारेदार कम्पनियां कब्ज़ा कर रही है। कमाई बढ़ती नहीं महंगाई बढ़ जाती है। टैक्स बढ़ते जा रहे हैं। आधी कमाई टैक्सों में निकल जाती है। गरीब और मिडिल क्लास के पास बचता ही क्या है? बची कमाई से स्कूलों की फ़ीस पूरी नहीं होती। ये जनरेशन क्या करेगी?"

"सच है यार," शमशाद मियां ने सहमति जताई, "कसूर हमारा ही है। हमें अपने बच्चों को तो पढ़ाने लिखाने की बजाय, नेता, अभिनेता या क्रिकेटर ही बनाना चाहिये था। आज ये तीन लोग ही खुशहाल हैं, या इनके आक़ा बड़ी बड़ी कम्पनियों के मालिक।"

"हां," एक लम्बी आह भरकर लखविंदर ने कहा, "किसान या मज़दूर होना अब ज़िल्लत की बात हो गयी है। यही हालात रहे तो, आने वाली जनरेशन उत्पादन के काम से मुंह मोड़ने लगेंगी...।"

"लेकिन हालात का एक और कुसूर है कि हम दोनों को चाय बेचने के बहाने फिर इकट्ठा कर दिया," शमशाद मियां ने लखविंदर के पुट्ठे पर हाथ मारते हुए कहा, "लगता है अब मरते दम तक तुझसे पीछा नहीं छूटेगा।"

दोनों दोस्त हंस पड़े। वैसे ही जैसे वे बचपन में, अपने स्कूल के दिनों में हंसा करते थे।

दूसरे दिन, शमशाद अली अपने घर से मस्जिद के लिये निकले और लखविन्दर सिंह गुरुद्वारे के लिये; बाद में वे दोनों गेट पर चाय बेच रहे थे। शमशाद ने लखविन्दर से पूछा- "यार, घर में पता चला तो?"

"ओ यार, कैसे पता चलेगा? तू बतायेगा न मैं; आखिर हमाम में दोनों नंगे हैं।" लखविन्दर ने कहा।

"फिर भी यार, कुछ ठीक नहीं लग रहा।"

"की? की ठीक नई लग रिया?"

"तुझे नहीं लगता हम घर वालों को धोखा देकर ठीक नहीं कर रहे? घर वाले सोचते हैं हम इबादत करने गये हैं..."

"तो यार, इसमें कहां धोखा? भूल गया हम क्या कहते थे? वर्क इस वर्शिप। काम ही इबादत है।"

दोनों मुस्कुरा उठे।

❧

4
क्यों

यकायक कितने रंगबिरंगी सितारे मेरी आँखों के आगे नाच उठे। यकायक मुझे कुछ समझ नहीं आया। वह एक सवाल एक धमाके के साथ मेरे दिल ओ दिमाग में उठ खड़ा हुआ-

क्यों?

इस सवाल ने मुझे धकेलकर मेरी ज़िंदगी में पीछे ले गया। इंसान का आज तो हमेशा उसके अतीत का फल होता है न? क्या था उस अतीत में जिसके आधार पर यह मेरा आज खड़ा है? और खड़ा है वह सवाल- क्यों?

मेरे अतीत में नज़र आती है वही सरकारी स्कूल और नज़र आता है एक छोटा लड़का जो आये दिन क्लास में बेंच के ऊपर खड़ा पाया जाता है; और कई बार तो क्लास के बाहर...। क्या चलता होगा उसके मन में? मैं कई बार सोचता हूँ। लेकिन बहुत चाहकर भी ज़्यादा कुछ याद नहीं आता। बस कुछ बातें जैसे मेरी मम्मी ऐसी क्यों है? मेरे पापा ऐसे क्यों हैं? हम ऐसे क्यों हैं? ... बाकी लोगों की तरह क्यों नहीं...? यानि कि यह प्रश्नवाचक शब्द हमेशा मेरी ज़िंदगी से चिपका रहा। जाने क्यों मैं तब भी इस एक शब्द से पीछा छुड़ाना चाहता रहा लेकिन वह शब्द घूम फिर कर मेरे नन्हे मस्तिष्क में आ खड़ा होता; जैसे कि मेरा स्कूल का यूनिफोर्म ही ले लो। मैं हमेशा सोचता कि सिर्फ मेरा यूनिफोर्म ऐसा क्यों है? ऐसा यानि, पुराना बदरंग और मैला-मैला सा। माँ इसे कितना भी धोये इसका मैलापन नहीं जाता। नतीजा-

"बेंच पर खड़े हो जाओ..."

"क्यों तुम्हारी मम्मी तुम्हारे कपड़े नहीं धोतीं?" टीचर सवाल करती है।

मैं क्या जवाब दूँ? मुझे नहीं पता। बस शिकायत भरी नज़रों से टीचर को घूरता रहता हूँ। कभी-कभी टीचर भी मेरी उन घूरती निगाहों की ताब नहीं ला पाती और पश्चाताप के से स्वर में कहती-

"देखो मुझे कोई शौक नहीं है तुम्हें बार-बार पनिश करने का। लेकिन तुम अपने कपड़े देखो और दूसरे बच्चों के कपड़े देखो..."

मैं देखता हूँ। दूसरे बच्चों के कपड़ों से अपने कपड़ों की तुलना करता हूँ। और फिर वही सवाल सामने आ खड़ा होता है- क्यों?

माँ से पूछना तो बेकार ही था। वह कहती-

"मैं क्या करूँ? पुराने कपड़े तो ऐसे ही दिखेंगे न? और ज़्यादा रगड़ूंगी तो फट जायेंगे। साबुन भी कितनी लगाऊँ? ज़्यादा लगाऊंगी तो महीना खत्म होने से पहिले सारी साबुन खत्म। फिर क्या करूंगी? कहाँ से लाऊँगी? कौन सा मेरा बाप बैठा है जो ला देगा? और तुम्हारे बाप की तनख्वाह में तो इससे ज़्यादा की उम्मीद नहीं..."

वह एक बार शुरू होती तो ज़बान रुकने का नाम ही नहीं लेती। और मैं सोचता वह ऐसी क्यों है? वह दुनिया की दूसरी मांओं की तरह क्यों नहीं है? वह हमेशा इतनी तनी हुई इतनी चिढ़ी हुई सी रहती कि जैसे इस दुनिया की हर इक शय से उसे दुश्मनी है। वह कभी हँसती मुस्कुराती नहीं। क्यों? वह क्यों कभी प्यार से बात नहीं करती? मेरा दिल बहुत चाहता कि वह हँसे बोले। और जब मैं उसे हँसाने के लिये कोई उटपटांग हरकत करता तो वह और चिढ़ जाती। जो हाथ में आये फेंक कर मारती-

"कमीने क्या भांड बनेगा?... कभी कोई ढंग का काम मत करना..." वह चीखती और मेरे पास वहाँ से खिसककर कहीं एकांत में जाकर रोने के सिवाय और कोई चारा न रहता।

लेकिन स्कूल से जुड़ा मसला सिर्फ गंदे यूनिफॉर्म से जुड़ा मसला ही नहीं था। आये दिन यूँ होता कि होम वर्क पूछा जाता और मैं जवाब देता- "कॉपी नहीं लाया मैम।"

"बेंच पर खड़े हो जाओ।" टीचर कहती। फिर धीरे से जोड़ती, "ये नहीं कहते बनता कि होम वर्क नहीं किया।"

यह बात मुझे बुरी लगती। मैं होम वर्क करूँ भी तो किस कॉपी में? मेरी कॉपी तो भर गई है और अब दूसरी कॉपी के लिये पापा की पेमेंट तक इंतज़ार ज़रूरी है। लेकिन मैं कुछ कह नहीं पाता। बस मेरी आंखें बोलने लगती और टीचर मेरी तरफ से मुँह फेर लेते। और जब बेंच पर खड़े-खड़े ही मैं क्लास में पूछे गये सारे सवालों

का जवाब औरों से पहले दे देता तो टीचर जैसे पश्चाताप के स्वर में कहती- "मुझे शौक नहीं तुम्हें रोज़-रोज़ बेंच पे खड़े करने का..."

और जब मैं माँ से कहता कि मुझे नई कॉपी क्यों नहीं खरीद देतीं तो उसका जवाब होता, "तेरे बाप की कोई ऊपरी कमाई नहीं है जो महीने के बीच में पैसे आ जायेंगे।"

और मैं सोचने लगता कि- क्यों?

क्यों मेरे घर में महीने के बीच में पैसे की तंगी रहती है। मेरे पिता भी तो सरकारी नौकरी में हैं। फिर क्यों?

माँ जवाब देती, "तेरे बाप में हिम्मत ही नहीं। नहीं तो क्या औरों की तरह हम भी मज़े से नहीं रहते? मेरे बाप ने तो ये सोचकर मेरी शादी की थी कि लड़का सरकारी नौकरी में है। तनख्वाह के अलावा ऊपर की आमदनी भी खूब होगी। मेरी बेटी राज करेगी। ये राज कर रही हूँ मैं। मेरे तो नसीब ही खराब थे... नसीब को भी क्या दोष देना जब अपना ही सिक्का खोटा हो..."

माँ की ज़बान तो नॉन स्टॉप है। वह तो चलती ही रहेगी। पता नहीं वह कभी चुप भी होती है या नहीं। पापा कहते हैं, "अरे इतना मत बोला कर। ज़्यादा बोलेगी तो बच्चे भी इज़्ज़त नहीं करेंगे..."

"वैसे भी कौन सी इज़्ज़त है मेरी इस घर में," माँ शुरू हो जाती, "नौकरानी हूँ इस घर की..."

"अरे, नौकरानी कहां? तुम तो महारानी हो इस घर की।" पापा कहते।

"हाँ, देख लो महारानी का हाल अवतार... ढंग के कपड़ों के लिये भी तरसकर रह गई हूँ। बच्चे देखो तो दूसरों के बच्चों को देख देख कर रह जाते हैं। रूखी सूखी तनख्वाह में चार चार बच्चों की पढ़ाई और उसी में से माँ बाप को भी पैसे भेजना..."

"अरे तो मैं क्या करूँ? माँ बाप हैं वो मेरे। मुझे पैदा किया, पढ़ाया लिखाया और इस काबिल बनाया..."

"खूब काबिल बनाया..."

ये झगड़े तो चलते ही रहेंगे। मम्मी कौन सा चुप रहने वाली। वह तो एक बात पर सौ बात करने की काबिलीयत रखती है। आखिर को पापा को ही हार माननी होगी। मैं जानता हूँ, पापा की कोई इज़्ज़त ही नहीं माँ के दिल में। और पापा? पापा जाने ऐसे क्यों थे? ऐसे यानि उन्हें जैसे दीन दुनिया से कोई वास्ता ही नहीं। घर से ड्यूटी और ड्यूटी से घर। न कहीं आना जाना न कोई समाजी गतिविधि। न दोस्ती यारी न सैर सपाटा।

"सैर-सपाटे में पैसे खर्च होते हैं और हम बंधी हुई तनख्वाह पाने वाले लोग..." वे कहते।

उन्होंने कभी क्लब का मुंह नहीं देखा। फिल्म तो वे कभी देखते ही नहीं जबकि उनका दौर फिल्मों का सुनहरा दौर था। जब लोग ब्लैक में टिकट खरीदकर फिल्में देखते, वे अपनी डींग हाँकते, "मैं फिल्म देखता ही नहीं। फिल्म देखना एक तरह की बेवकूफी है; पैसे और वक्त दोनों की बरबादी,..." फिर आह भरकर कहते, "अपनी जवानी में मैंने भी बहुत फिल्में देखी है। कोई फिल्म मुझसे छूटती नहीं..." और उनकी आह, उनके दर्द को बयां कर देती।

लेकिन जब वे फिजूलखर्ची और बंधी हुई तनख्वाह का हवाला देते तो माँ झट से बात काटती- "क्यों और लोग नहीं हैं, बंधी हुई तनख्वाह वाले?"

"उनकी बात और है..." पापा कहते तो माँ भी चुप नहीं रहती-

"अपनी बुजदिली को बातों में मत छिपाओ..." वह कहती और पापा चुप रह जाते। फिर मम्मी की ज़बान चलने लगती, "दिन भर घर में बैठे रहते हो। जाओगे भी कहाँ? कोई सामाजिक हैसियत नहीं तुम्हारी। साथ वाले सब रिश्वत खाते हैं तो तुम संत महात्मा बने बैठे रहते हो। सब साथ वालों की नज़र में खटकते हो तुम। सब की औरतें बताती हैं मुझे..."

"अरे! बेईमानों की भीड़ में ईमानदार बने रहने के लिये बड़ी हिम्मत की ज़रूरत होती है..." पापा प्रतिकार करते तो माँ चुप नहीं रहती-

"तुम्ही को मुबारक हो तुम्हारी हिम्मत..."

और मैं समझ नहीं पाता कि पापा असल में क्या हैं? बुज़दिल या हिम्मत वाले? लेकिन एक बात मेरी समझ में आ रही थी वह ये कि मम्मी की नज़र में पापा की कोई इज़्ज़त नहीं। और वह इसलिए कि पापा ऊपर की कमाई के मामले में सिफर हैं। इसी कम उम्र में मैंने ज़िंदगी का एक और बड़ा सबक सीख लिया था कि मर्द की कमाई ही उसके मान सम्मान का कारण बनती है।

समय के साथ माँ ज़्यादा चिड़चिड़ी होती जा रही थी और पापा वैसे ही निर्विकार। सावन सूखे न भादो हरे। लेकिन अपने तमाम तर निकम्मे पन के बावजूद पापा ने कुछ सालों बाद हिम्मत करके लोन उठाकर एक मकान तो बना ही लिया। इससे हमें उस मनहूस सरकारी मकान से निजात मिल गई, जो बारिश में सीलन और साल भर उस सीलन की बदबू से भरा रहता। इससे हम भाई बहनों की खुशियों का कोई ठिकाना ही न रहा। हमें लगने लगा कि अब हमारा जीवन ही बदल जायेगा। जीवन में बदलाव आये तो लेकिन माँ का चिड़चिड़ापन अब भी वैसे का वैसा ही रहा। अब उसे नई चिंता ने आ घेरा।

अब वह रात दिन एक ही बात रटती रहती, "जमा पूंजी तो कुछ पल्ले नहीं ऊपर से ये मकान का कर्जा। इसकी किश्त देने के बाद इस छोटी सी तनख्वाह में क्या घर चलाऊं और क्या बचत करूँ?..."

"अरे क्या बेसुरा राग लेकर बैठ जाती हो। सब ठीक हो जायेगा।" पापा समझाने की कोशिश करते।

"क्या ठीक हो जायेगा? तुम्हें तो कुछ सोच है नहीं। लड़कियाँ बड़ी हो रही हैं। उनका शादी ब्याह करना है कि नहीं।"

"अरे कौन सा अभी ही करना है। वक्त है अभी। जब करना होगा देख लेंगे।"

"वक्त सिर पर आ जायेगा तब क्या देख लोगे? उनका दहेज नहीं जुटाना है अभी से? शादी के लिये पैसे कौड़ी नहीं जुटाना है।"

"सब हो जायेगा। हमारा बेटा भी बड़ा हो गया है। जब इसकी नौकरी लग जायेगी तो हमारी सारी मुश्किलें खत्म हो जायेंगी।" पापा कहते। उनके कथन हमारा बेटा बड़ा हो गया है से मुराद मैं ही था। चारों भाई बहिनों में सबसे बड़ा। और मुझे नौकरी करने की जल्दी भी थी। मैंने इधर-उधर हाथ पैर मारना भी शुरू कर दिया था। मैं अच्छी तरह जानता था कि मर्द का सम्मान उसकी कमाई से ही है। फिर चाहे वह कैसे भी हो। मेरा भरपूर प्रयास था कि ऐसी जगह काम करूँ जहाँ तनख्वाह के अलावा ऊपरी इनकम की अच्छी खासी सम्भावना हो। पापा की बुज़दिली के कारण हम लोगों ने बहुत कुछ सहा है। सबसे ज़्यादा तो माँ ने। हम सभी भाई बहन माँ को खुश देखने के लिये तरस कर रह गये थे। मैं मम्मी को खुशियाँ देना चाहता था। इसलिये मैं पापा जैसा बुजदिल नहीं बनना चाहता था।

मैं क्या बनना चाहता था, मैं ही जानता था। मैं बहुत सारे पैसे कमाना चाहता था। मैं अब बड़ा हो रहा था। मैं पैसे, ज़्यादा पैसे कमाने की तरकीबें सोचने लगा था। ये तो तय था मेरे कारण मेरे बच्चे नहीं तरसेंगे जैसे मैं तरसता रहा। वे स्कूल में कॉलेज में मेरी तरह ज़लील नहीं होंगे जैसे मैं ज़लील होता रहा। मेरी बीवी को मेरी माँ की तरह घुट घुटकर नहीं जीना होगा। मेरी बीवी मेरी माँ की तरह चिड़चिड़ी और बदमिजाज नहीं बनेगी। मेरी ज़िंदगी, पापा की ज़िंदगी की तरह हरगिज नहीं होगी। अगर मैं नौकरी करता हूँ और मुझे ऊपर की आमदनी नसीब होती है तो मैं बुज़दिल नहीं बनूंगा। नहीं बनूंगा...

ये मेरे ख्याल उस दिन तक भी मेरे साथ ही थे जब मैंने नौकरी पाई और नौकरी भी पापा से बेहतर। लेकिन नौकरी के पहले दिन ही पापा ने मुझे लेक्चर दे डाला-

"बेटा ईमानदारी से नौकरी करना। ईमानदार रहोगे तो ज़िंदगी भर लोगों से नज़र मिलाकर बात कर सकोगे। किसी की खुशी या नाराजगी का डर नहीं रहेगा।

क्योंकि लाख चाहने के बावजूद कोई तुमपर उंगली नहीं उठा सकेगा। बेईमानी तुम्हें खुशामदी बनायेगी। जो कमाओगे उसका बड़ा हिस्सा तो खिलाने पिलाने में उड़ाना पड़ेगा। इसके बावजूद दिल में डर बना रहेगा...”

मैं और सुनना नहीं चाहता था। क्या मैं जानता समझता नहीं था ये सब पापा की अपनी बुजदिली को बहादुरी के मुलम्मे में लपेटने की कोशिश थी। ...पापा आपकी सीख आपको ही मुबारक हो। मैंने माँ को देखा उसकी आँखों में बहुत से ख्वाब नज़र आ रहे थे। और वे ख्वाब क्या थे मैं अच्छी तरह जानता था। मैं जानता था मुझे क्या करना है।

लेकिन मेरे ये ख्वाब और मेरे ये खयाल बहुत ज़्यादा मेरा साथ नहीं दे सके। मेरा डिपार्टमेंट तो एकदम रूखा सूखा सा था। ईमानदारी से आना जाना। मेरे दिल में फिर वही सवाल उठ खड़ा हुआ- क्यों? आखिर क्यों मेरी किस्मत में ऐसी रूखी सूखी नौकरी? मैं तो बुजदिल नहीं था। मैं तो कमाना चाहता था; और हिम्मत भी रखता था। मैं बहुत मायूस रहने लगा। लेकिन क्या करता? आखिर को वही हुआ जो हर निराश और मायूस कर्मचारी के साथ होता है। नौकरी रूखी सूखी सही लेकिन कामचोरी और टालमटोल के लिये काफी गुंजाइश थी। और रहती ही है। बस, रूखी सूखी पेमेंट में मेरा कोई इंट्रेस्ट नहीं था। मैं तो खूब पैसे कमाना चाहता था। नतीजा यह हुआ कि काम से मेरा दिल उचटने लगा। कामचोरी और टालमटोल में मैं माहिर होने लगा। ऐसे ही कई महीने बीते मुझे पता चला कि हमारे डिपार्टमेंट के अंडर में ऐसा भी एक सेक्शन है जहाँ रोटेशन सिस्टम पर सब की बारी-बारी से तीन-तीन महीनों के लिये पोस्टिंग होती है।

“ऐसा क्या है उस सेक्शन में?” मैंने अपने एक पुराने सहकर्मी से पूछा।

“तुझे नहीं मालूम?” उसने पूछा।

“नहीं।” मैंने कहा।

“मालूम चल जायेगा।” उसने कहा, “मलाई वाला सेक्शन है, मलाई वाला। इसलिये तो वहाँ बारी-बारी से सब का नम्बर आता है।”

“मेरा भी आयेगा न?” मैंने पूछा। मेरी आवाज़ में उत्साह और रोमांच दोनों थे।

“तू तो अभी नया नया है। थोड़ा टाइम लगेगा लेकिन आयेगा, तेरा भी नम्बर आयेगा।” उसने कहा।

फिर भी नया होने के बावजूद मेरा भी नम्बर आया। मेरा नम्बर जल्दी कैसे आया ये बस इत्तेफाक की बात थी। बस इतना ही काफी था कि मेरा इंतज़ार वक्त से पहले ही खत्म हुआ।

नई जगह, पहले ही दिन काम चालू होने से पहले ही एक ट्रक ड्राइवर ने ज़िद करके, मिन्नत समाजत के साथ मुझे चाय नाश्ता करवाया। यहाँ का पहला अनुभव अच्छा था। मैं खुश था। यहाँ ज़्यादा काम भी नहीं था बस यहाँ से स्क्रैप बाहर ले जाने वाले ट्रकों का वे-ब्रिज पर काटा करके बिल्टी बनाना। जब मैं बिल्टी बनाने लगा तो वही ट्रक ड्राइवर आकर मेरे पास खड़ा हो गया और धीरे से कुछ नोट मेरे जेब में सरका दिया। मैं पहली बार होने वाली ऊपर की आमदनी से रोमांचित हो उठा। फिर उसी ड्राइवर ने मुझे अपने ट्रक की बिल्टी में हेरफेर करना सिखा दिया। और इसके बाद तो ट्रक ड्राइवरों की लाईन लग गई। हर एक मेरी जेब में कुछ न कुछ डालता और ट्रक के वजन में अपने हिसाब से हेरफेर करवा लेता।

यह तो ऊपर की कमाई का बड़ा आसान रास्ता था। वजन मैंने किया। देखा मैंने। लिखा मैंने। जो मैंने लिखा वही सही। मैंने क्या देखा क्या लिखा इसका किसी को पता नहीं सिवाय ट्रक ड्राइवर के। जेब मेरी गर्म हुई। जंगल में मोर नाचा किसने देखा? दिनभर में मेरी जेब नोटों से ठसाठस भर गई थी। बहुत से ख्वाब बहुत सी उमंगों के साथ मैं घर के लिये रवाना हुआ तो आज जैसे मैं उड़ रहा था। माँ घर पर रास्ता देख रही होगी। आज तक मैं सिर्फ अपनी पेमेंट माँ के हाथ पर रखता आया था। आज पहली बार अपनी ऊपर की आमदनी उसके हाथों में रखूंगा। आज मैं पहली बार अपनी माँ के चेहरे पर खुशी देखूंगा। आशा देखूंगा। आज पहली बार माँ को यह तसल्ली होगी कि उसका बेटा, बाप की तरह बुज़दिल नहीं निकला।

घर पहुंचा तो सबसे पहले माँ ही बाहर आई। मैंने तुरंत अपनी जेब खाली करके उसके हाथ में सारे पैसे रख दिये।

"बेटा इतने पैसे? इस महीने की तनख्वाह तो तू दे चुका है फिर...?" आश्चर्य से मेरा मुंह देखते हुए माँ ने सवाल किया।

"अरे रख लो मम्मी रख लो ये आज की मेरी ऊपर की कमाई है। अब देखना..."

मेरी बात अभी पूरी हुई भी नहीं थी कि एक झन्नाटेदार थप्पड़ मेरे गाल पर पड़ा और... और सारे पैसे ज़मीन पर। माँ का रोना चीखना सुनाई दिया-

"कमीने!! यही सिखाया था हमने तुझे? मैं तेरे ऐसे पैसों पर थूकती हूँ... आग लगाती हूँ इन पैसों पर... एक सच्चे और ईमानदार बाप की औलाद होकर तेरी हिम्मत कैसे हुई..." माँ की ज़बान तो नॉन स्टॉप है। वह तो चलती रहेगी। और मैं? मैं तो गाल थामकर हक्का बक्का रह गया...

यकायक कितने रंगबिरंगी सितारे मेरी आँखों के आगे नाच उठे। यकायक मुझे कुछ समझ नहीं आया। वह एक सवाल फिर से एक धमाके के साथ मेरे दिल ओ दिमाग में उठ खड़ा हुआ-

क्यों?

5

पानी

उसने बावड़ी में झांककर देखा, उसकी रूह कांप उठी। पानी यहाँ भी नहीं था। यह बावड़ी बहुत पुरानी थी। बचपन में यहाँ से गुज़रते हुए वह इसमें झांकता ज़रूर था। इसमें इतना पानी भरा होता कि देखकर उसकी रूह कांप उठती। आज कई साल बाद उसने इसमें झांका तो उसे यकीन था कि इसमें पानी ज़रूर होगा। लेकिन यह देख उसकी रूह कांप उठी कि पानी तो यहाँ भी नहीं है। तो पानी आखिर गया कहाँ?

इससे पहले उसने अपने खेत में ट्यूबवेल चालू किया था लेकिन उसमें से गूँ गूँ की आवाज़ के सिवा कुछ न निकला। उसने ट्यूबवेल के पाईप में आँख लगाकर अंदर झांककर देखा। वहाँ सिवाय अंधेरे के कुछ न था। वह समझ गया, पानी नहीं रहा।

उसे याद आया कुरआन क्या कहता है, 'कहो क्या तुमने यह भी सोचा है कि अगर तुम्हारा पानी नीचे उतर जाए तो फिर कौन लाकर देगा तुम्हें निर्मल प्रवाहित जल?' (सूरः मुल्क-30)

क्या इंसान समझ नहीं रहा कि उसका बनाने वाला खुद उससे कह रहा है कि अपने पानी की हिफाजत की जाए। फिर यह लोग समझते क्यों नहीं? सीधी सी बात है लोगों में पानी नहीं रहा।

'पानी आखिर गया कहाँ?' उसने फिर एक बार सोचा। लेकिन सोचने से कुछ होने वाला नहीं था। पानी को तो ढूंढना पड़ेगा। वह आखिर गया कहाँ? पता नहीं रहीम खानेखाना ने क्या फरमाया था, इसके बारे में?...

रहिमन पानी राखिये, बिन पानी सब सून...

क्या रहीम जानता था, इस बारे में? क्या उसे इल्म था, आज के दौर का? पता नहीं! लेकिन यह दौर है ही ऐसा। कहा जा रहा है कि तीसरी आलमी जंग तो पानी के लिये ही होगी। तो क्या वह वक़्त आ चुका है? पानी तो सचमुच कहीं नहीं है।

बड़े शहर से उसका दोस्त आया तो उसने पूछा, "वहाँ पानी होता है?"

"हाँ, होता है।" दोस्त ने जवाब दिया, "एक लीटर की बोतल बारह से बीस रुपए। दो लीटर की बोतल तो पैंतीस रुपए तक..."

वह हैरान रह गया।

"पानी... रुपयों में?" उसने हैरानी से पूछा, "क्या वहाँ के लोगों में पानी नहीं रहा?"

"नहीं! पानी अब इनसानो में कहाँ रह गया? लोगों में पानी होता तो पानी क्या रुपयों में बिकता?"

"तो क्या बारिश से भी उनकी दुश्मनी है?"

"बिल्कुल! बारिश को वे लोग पसंद नहीं करते।"

"तभी तो..." उसने कहा, "जब बारिश नहीं तो पानी कहाँ से..."

"नहीं नहीं! ऐसा नहीं है। बारिश होती है लेकिन पानी ज़मीन में नहीं जाता। वह नालियों में सैलाब ले आता है। लोगों को घर से बेघर कर देता है लेकिन ज़मीन में नहीं जाता..."

"क्यों?" उसने हैरानगी से पूछा।

"क्योंकि ज़मीन तो कंक्रीट की एक मोटी तह से ढकी हुई है..."

"क्यों?..." वह फिर से हैरानी का मुज़ाहिरा करता है।

"... यह इनसानी तरक्की की एक निशानी है।" उसका दोस्त बताता है। वह समझ नहीं पाता कि आखिर इस तरक्की की ज़रूरत ही क्या है; जो इनसानो को अज़ियत में डाले? वह पूछता है लोगों से। पूछता है अपनो से। गैरों से पूछता है; लेकिन सही जवाब नहीं मिलता। ज़िम्मेदाराने तरक्की से पूछता है। वे पहले तो सवाल से हैरान होते हैं; फिर कुछ गोलमोल जवाब देते हैं। वह समझ जाता है कि लोग जिन्हें चुनकर अपनी बेहतरी की ज़िम्मेदारी सौंपते हैं, उनमें पानी रहा ही नहीं। पानी होता तो जानते कि नलियों का पानी बहकर ज़मीन की बजाय समंदर में जा रहा है। ज़मीन ख़ुश्क हो रही हैं और समंदर उफन रहे हैं। वे ज़मीनो को निगल रहे हैं। फिर भी ज़मीन पर पानी की बड़ी किल्लत है।

उसे गांव की उस सूखी नदी की याद आती है। कितनी बार उसने तैरकर इस नदी को पार किया है। बल्कि उसने तैरना इस नदी में ही सीखा है। उसने इस नदी

में कई सैलाब देखे हैं। लेकिन जबसे ऊपर कहीं पानी इकट्ठा करने के लिये एक डैम बना है; नदी में पत्थरों के सिवा कुछ नहीं बचा।

वह उदास हो गया। सचमुच तबाही है... वह सोचने लगता है... पानी गये न उबरे मोती, मानुस, चून।

"पानी का नापैद होना, क्या कुर्ब ए क़यामत की निशानियो में से एक है?" उसने पूछा।

"पता नहीं," दोस्त ने कहा, "लेकिन एक हदीस है कि क़यामत के करीब, हुकूमतें और निज़ाम उन लोगों के हाथ में होंगे जो इसके काबिल ही नहीं होंगे..."

"हाँ, इसमें तो कोई शक़ नहीं। लेकिन पानी के गुम होने का भी कोई बयान है?"

"इस बारे में तो पता नहीं," दोस्त ने कहा, "चलकर मौलवी साहब से पूछना चाहिए..."

मौलवी साहब ने सारी बात सुनकर कहा-

"यह तो साफ-साफ नहीं मालूम बेटा, लेकिन जब अल्लाह को किसी कौम को अज़ाब में मुब्तिला करना होता है तो उस कौम पर पानी बंद कर देता है।"

"तो क्या..." उसने पूछा, "अब हम पर भी अज़ाब नाज़िल होने वाला है?"

"पता नहीं बेटा... इस बारे में ऐसा साफ-साफ तो नहीं पता; बारिश के मुताल्लिक एक हदीस है कि फर्माया हुज़ूर ए पाक सल्लल्लाहो अलैह व सल्लम ने कि एक साल मामूल से सिर्फ दो तिहाई बारिश होगी। उसके अगले साल सिर्फ एक तिहाई बारिश होगी और उसके अगले साल बारिश होगी ही नहीं तो सारी दुनियाँ कहत(अकाल) की चपेट में होगी... वह काना दज्जाल के आने का वक़्त होगा..."

"लेकिन वह वक़्त तो अभी बहुत दूर है। उसके पहले तो ईमाम मेहदी आएंगे न?"

"हाँ, लेकिन वह वक़्त बहुत ही बुरा होगा। जब दुनिया में हरज बढ़ जाएगा। भाई भाई का खून करेगा और बेटा बाप-दादा का। जब पूरी दुनियाँ जंग में मुब्तिला होगी..."

"वह दौर तो अब आ ही चुका है समझो..."

"हाँ, सामने ही है समझो... लेकिन अभी और बुरा वक़्त आना बाकी है। और हदीस से साबित है कि जब रमज़ान के महिने में तुम पूरब की तरफ से आग का सुतून देखो यह भी रिवायत है कि चिंघाड़ सुनो तो वही साल ईमाम मेहदी के ज़हूर का साल होगा..."

"लेकिन मौलवी साहब, असल मसला तो पानी का है..." उसे जैसे याद आया।

"हाँ हाँ बेटा, तुम तो पानी के बारे में दर्याफ्त कर रहे थे न?" मौलवी साहब ने पूछा।

"जी, मौलवी साहब। पानी कहीं नज़र नहीं आ रहा है। क्या दुनिया से पानी ही उठ जाएगा?"

"अब यह तो ठीक-ठीक नहीं पता बेटा, लेकिन तुम सच कह रहे हो दुनिया में पानी बिल्कुल नापैद होता जा रहा है..."

"तो अब मुझे क्या करना चाहिए?"

"पानी की तलाश करना चाहिए।"

"लेकिन कैसे मौलवी साहब?"

"बेटा, अल्लाह ने फर्माया है कि सारी ज़मीन अल्लाह की है, अल्लाह की ज़मीन पर फैल जाओ और रिज़्क तलाश करो... और पानी तो सबसे ज़रूरी रिज़्क है।"

सुनकर वह खड़ा हो गया।

यहाँ से आगे चलना चाहिए... उसने सोचा। ज़रूरी नहीं कि हर जगह पानी नापैद हो। अल्लाह तआला ने फरमाया है कि सारी ज़मीन अल्लाह की है। इस पर फैल जाओ और अपना रिज़्क तलाश करो। हाँ, पानी भी तो रिज़्क है।

फिर वह आगे चला।

आगे उम्मीदों के पहाड़ उसे नज़र आए। लेकिन उससे पहले दुश्वारियों का जंगल था। लेकिन पानी कहीं नज़र नहीं आता। वह भटकता रहा। यहाँ तक कि उम्मीदों के पहाड़ पार कर लिए। आगे मायूसियों का सहरा था। यहाँ पानी मिलने का तो कोई सवाल ही नहीं था। वह भटकता रहा, यहाँ तक कि रात हो गई। सूरज डूब गया और हवा में नमी का अहसास होने लगा। लेकिन कुछ ही देर में हाथ को हाथ सुझाई देना बंद हो गया। कुत्तों और सियारों की मनहूस आवाजें उसे परेशान करने लगीं।

"हर रात के बाद सुबह होती है," उसने कहा, "लेकिन सुबह का इंतेज़ार करने के लिए रात गुज़ारनी होगी। और रात गुज़ारने के लिए किसी आसरे की ज़रूरत होगी। तो कोई आसरा तलाश करना चाहिए..."

लेकिन अंधेरे में बगैर रौशनी के चलते हुए उसके पैर लगातार रेत में धंसते चले जा रहे थे। एक ठोकर भी कहीं लगी नहीं कि रेत के एहसास के सिवाय किसी और चीज़ का एहसास हो। वह चलता रहा। बगैर किसी हादसे के! धीरे-धीरे रात और अंधेरा उसके ज़ेहन पर हावी होने लगा। सारे एहसास गुम होने लगे। वक़्त का एहसास भी अंधेरे में कहीं गुम था। अब उसे पता नहीं कि कितना वक़्त गुज़र चुका है। कितना सफर उसने किया है और कितनी देर चला है। एहसास था तो यही कि

उसके पांव रेत में धंसे जा रहे हैं। और यह रेत में पैर धँसने का एहसास ही था जो उसे ख़लाअ में तैरने के एहसास से मेहफ़ूज़ रखे था। लेकिन वह भूलता जा रहा था कि वह कितना चल चुका है और कितना चलना है। उसे लग रहा था जैसे वह सारी ज़िंदगी चलता रहा है और सारी ज़िंदगी यों ही रेत में चलते रहना है। बिना कुछ देखे, बिना कुछ जाने...

अभी उसने यह सोचा ही था कि दो हरी रौशनी की बत्तियां नज़र आईं और दूसरी तरफ जाती हुई अंधेरे में कहीं खो गईं। जिन्न! उसके ज़ेहन में यही पहला खयाल कौंधा। यानि रात को खाना तलाशने वाली मखलूक, जिसे अल्लाह ने इनसानो से पहले ज़मीन पर आबाद किया। लेकिन जब वे आपस में मिलजुलकर रहने की बजाय खून-खराबे और जंग ओ जदल में पड़ गए तब अल्लाह ने फरिश्ते भेज उन्हें सहराओं जंगलों और पहाड़ों की तरफ ढकेल दिया। इनसानो की जूठन और जानवरों की हड्डियाँ उनकी खुराक बनाई। और फिर उनकी जगह ज़मीन पर आबाद किया इनसानो को जिन्हें उसने मिट्टी से बनाया था। और उन्हे खबरदार किया कि अगर तुम भी आपस में एक दूसरे का खून बहाने लगे तो तुम्हारे लिए भी बरबादी है। तब शैतान इबलीस जो खुद एक जिन्न था और आग से बना होने की वजह से अपने को मिट्टी से बने इनसान से बेहतर समझता था; उसने खुदा से बग़ावत कर दी और इनसान का खुला दुश्मन बना कि इनसानो को बहकाकर ग़लत कामों में मुब्तिला करके रखने का अज़म किया। और वह कामियाब भी हुआ कि इनसान आज शैतानो के बहकावे में आकर इनसानो का ही दुश्मन बना हुआ है। वह समझ गया, जिन्नातो का पानी खत्म हो चुका था और अब इनसानो में भी पानी की किल्लत है। और रहीम खानेखाना ने सच ही कहा है, पानी गए न उबरे मोती मानुस चून...

ऐ मानुस! अब भी सम्हल जा और पानी तलाश कर... कि यही तेरी निजात का एक अकेला रास्ता है...

इस बात के ज़ेहन में आते ही उसने महसूस किया कि आँखों के आगे से अंधेरा जैसे छँटने लगा है। आसमान पर छाए बादल बिखरने लगे और सितारे नज़र आने लगे हैं। फिर आधा अधूरा चांद भी नज़र आने लगा और नज़र आने लगी दूर-दूर तक फैली हुई रेत। इक्का दुक्का छोटे मोटे सहराई जानवर भी साये की तरह निगाहों के सामने से गुज़र गए। उनकी आँखें अब भी दो हरी बत्तियों की तरह चमक रही थी। यह जानवर रात में किस तरह देख सकते हैं? उसने अपने आप से सवाल किया। फिर खुद ही जवाब दिया कि अल्लाह तआला ने उन्हें ऐसा ही बनाया है। उन्हें अंधेरे में देखने की ताक़त दी; क्योंकि उन्हें अंधेरे में ही अपनी खुराक़ का

इंतेज़ाम करना होता है। रात को रिज़्क के लिए निकलने वाली मखलूक़...? कहीं इन्हीं को तो जिन्न नहीं कहा गया है? क्या इन्हीं को अल्लाह ने इनसानो से पहले रू ए ज़मीन पर बसाया था? कमाल है! अभी तक यह सवाल किसीने उठाया क्यों नहीं?

"सवाल मत उठाओ...?"

उसने चौंककर पीछे देखा। उसे लगा था जैसे उसने एक ज़माने के बाद कोई इनसानी आवाज़ सुनी है। पीछे एक रेत के टीले के पीछे से एक साया नमूदार हुआ। वह एक इनसानी साया था।

"तुम कौन हो? जिन्न?" उसने पूछा।

"नहीं, इनसान हूँ, तुम्हारी तरह। आदम की औलाद। मिट्टी से बना और मिट्टी में मिल जाने वाला। शैतान जिसके पीछे पड़ा है..." उस साये ने जवाब दिया और उसके करीब आया तो उसने मेहसूस किया कि वह आदमज़ाद ही है।

"क्या तुम मुसलमान हो?" उसने पूछा।

"नहीं। लेकिन मैं तुम्हारा पीछा करते हुए लगातार तुम्हारी बातें सुनता रहा। दोस्त! तुम अकेले में लगातार बड़बड़ाए जा रहे थे।"

"यह होता है। इनसान जब अकेला हो तब वह अनजाने में ही ज़ोर ज़ोर से बोलकर सोचने लगता है। इससे उसे अपने होने का एहसास होता रहता है। लेकिन तुम कौन हो और तुम इस वीराने में क्यों हो और मेरा पीछा क्यों कर रहे हो?"

"मैं सब बताता हूँ, मेरे भाई। लेकिन तुम ज़रा बैठ तो लो। सारी रात तुम लगातार चलते रहे हो। ऐसे ही चलते रहे तो पानी की कमी से मर जाओगे।"

"क्या पानी की कमी से मर भी जाते हैं?"

"हाँ, बिल्कुल! क्या तुम्हें नहीं पता?"

"पता नहीं! मुझे तो सिर्फ यह पता है कि पानी दुनिया से लगातार खत्म होता जा रहा है। और अल्लाह तआला ने कुरआन मजीद में फरमाया है कि हमने ज़िंदगी को पानी से बनाया है।"

"तब तो मेरे भाई, यह और भी फिक्र की बात है।"

"फिक्र की बात है, तभी तो मैं पानी की तलाश में उन पहाड़ो को पार करके आया हूँ।"

"और तुम इस रेगिस्तान में पानी तलाश रहे हो?"

"क्यों? क्या सहरा में ज़िंदगी नहीं होती?"

"होती तो है..."

"और पानी के बगैर ज़िंदगी मुमकिन तो नहीं?"

"हाँ, तुम ठीक कहते हो, लेकिन रेगिस्तान में पानी आसानी से तो नहीं मिलता।"

"ज़िंदगी भी तो आसान नहीं होती। मैं तो पानी की तलाश में निकला हूँ कि इससे पहले कि पानी पूरी तरह खत्म हो जाए और मेरे मुल्क में ज़िंदगी के लाले पड़ जाएँ, मुझे पानी तलाशना होगा।"

"लेकिन दोस्त तुम पानी कहाँ तलाश करोगे? अगर तुम यह रेगज़ार पार कर लो तो आगे तुम्हें एक जंगल मिलेगा। जंगल में हरियाली है, पेड़-पौधे हैं, फल-फूल हैं, नदियां है, झरने है, पानी है। लेकिन दोस्त, उसके आगे मत जाना कि आगे इनसानो की आबादी है; और वहाँ पानी की सख्त कमी है..."

"लेकिन यह सब तुम्हे कैसे मालूम?"

"क्योंकि मैं वहीं से हूँ।"

"तो क्या तुम भी पानी की तलाश में निकले हो?"

"नहीं, मैं अपनेआप की तलाश में निकला हूँ।"

"क्या तुमने अपनेआप को खो दिया था?"

"हाँ, मुझे तो ऐसा ही लगा।"

"तो क्या अब तुमने अपनेआप को पा लिया?"

"नहीं।"

"क्यों नहीं? देखो तुम्हें तो पता है कि तुम उस इनसानी आबादी से हो जो उस जंगल के उस पार है। वही तो तुम्हारी पहचान है।"

"भाई, मुझे उस पहचान से मत पहचानो, मैं उसी पहचान से तो भाग रहा हूँ।"

"भाई, तुम अपनेआप से भाग रहे हो या अपनेआप को तलाश रहे हो?"

"मैं अपनेआप से भाग रहा हूँ," कुछ ठहरकर उस अजनबी ने कहा, "और अपनेआप को ही तलाश भी रहा हूँ। यह उतना ही सच है कि जितना कि यह रात का होना सच है।"

"भाई, मुझे तो तुम्हारी बात समझ में नहीं आ रही..."

"हैरान मत होओ, तुम्हें सब समझ आ जाएगा अगर तुम मेरी कहानी समझ जाओगे।"

"मैं समझूंगा तो तब जब जानूंगा। बगैर जाने तो किसी बात को समझा नहीं जा सकता।"

"मैंने नहीं कहा था तुमसे कि वहाँ मत जाना वहाँ पानी नहीं है?"

"हाँ। लेकिन क्यों?"

"भाई, वह एक बड़ा शहर है। राजधानी है इसलिए सारे शासक वहीं रहते हैं। देश के हालात पर बहस करने के लिए ईमारत होने के बावजूद एक नई ईमारत तैयार की जा रही है। पैसा जनता का। और जनता को उनके घरों से बेघर किया जा रहा है। उनके रोज़गार छीने जा रहे हैं। उनके मकानों और दुकानों पर बुलडोज़र चलाए जा रहे हैं..."

"ओह! सच में वहाँ पानी की किल्लत होगी। उन हुक्मरानों का पानी ही मर गया है। वर्ना उन्हें मालूम होता कि हुक्मरान का काम रिआया को उजाड़ना नहीं बल्कि बसाना है..."

"और अगर वे सरकार की ज़मीन पर बसे हों तो?"

"ज़मीन तो उस रब्बे क़ायनात की है जिसने ज़मीन को बनाया और तुम्हे हुकूमत दी कि लोगों बसाओ और उनके बीच इंसाफ कायम करो कि वे आपस में न झगड़ने लगें..."

सुनकर वह अजनबी रोने लगा। जब उसकी सिसकियाँ रात के सन्नाटे पर हावी होने लगी तो उसे समझ आया कि अजनबी रोने लगा है। उसने अजनबी से पूछा, "तुम इतना क्यों रो रहे हो जैसे तुम ही वह हाकिम हो जिसने लोगों को उजाड़ा..."

"नहीं, मैं वह शासक नहीं बल्कि उन्हीं लोगों की तरह आम जनता ही हूँ।" अजनबी ने कहा, "लेकिन अपने जैसे उन लोगों के घर और दुकानों पर बुलडोज़र मैंने ही चलाए हैं। उस बुलडोज़र का ऑपरेटर मैं ही था। मैंने ही लोगों को बेकार और बेघर किया है... सिर्फ चंद सौ रुपयों की रोज़ी के लिए..." और वह अजनबी हुमक हुमक कर रोने लगा।

"...और उसके बाद शाम को जब मैं घर पहुंचा तो मुझे खयाल आया कि मेरा मकान भी उसी तरह की बस्ती में है। क्या मुझे कल अपने मकान पर भी बुलडोज़र चलाना पड़ेगा। लेकिन मैंने इन बातों को दिमाग से निकाल दिया क्योंकि ऐसी डराने वाली बातों के साथ ज़िंदा रहना सम्भव नहीं। भले वे कितनी ही सही हों, कितनी भी यथार्थ हों।" अजनबी कहता रहा और वह ध्यान से सुनता रहा, "जब मैं नहा-धोकर, खाना खाकर कूलर चालू करके सोया तो मैंने सपना देखा कि मैं काम से वापस लौटता हूँ तो देखता हूँ कि मेरा मकान ध्वस्त है और तेज़ गर्मी में मेरे माता पिता मकान के मलबे पर बैठे रो रहे हैं। मैं थका हुआ हूँ। शरीर पसीने से तर है। मैं नहा धोकर, खाना खाकर आराम करना चाहता हूँ; लेकिन कहाँ?... मैं जागा तब आधी रात गुज़र चुकी थी और कूलर चलने के बावजूद मैं पसीने से तर था। मैं भागा भागा वहाँ पहुंचा जहाँ मैंने दिन में बुलडोज़र चलाया था। वहाँ मर्द भी थे, औरतें भी और बच्चे भी थे। जवान भी थे और बूढ़े भी। उनकी हालत देखकर मैं रो

पड़ा। मैं आत्मग्लानि से भरा था। पश्चाताप की आग में जल रहा था। मैं शर्मिंदा था और अपना मुँह कहीं छुपा लेना चाहता था। मैं वहाँ से भागा और लगातार भाग रहा हूँ लेकिन मुझे कहीं चैन नहीं कहीं करार नहीं...”

अजनबी रो रहा था और वह उसे सुन रहा था; क्योंकि वहाँ अंधेरा था और अजनबी एक साए की तरह लग रहा था। अचानक उसके हाथ पर एक बूंद गिरी और वह जैसे ख्वाब से जागा। वह बोला, “तुम रो रहे हो? तुम्हारी आँख में पछतावे के आंसू...?”

इसके बाद वह अंधेरे में सहरा में बेतहाशा जोश ओ खरोश के साथ चिल्लाता हुआ दौड़ने लगा, “मिल गया, मुझे मिल गया। ऐ आदम की औलाद! तुम्हें घबराने की ज़रूरत नहीं! अलाह बड़ा मेहरबान है... अभी इनसान के अंदर पानी बाकी है... मेरे हाथ पर मौजूद एक बूंद इसका सबूत है...”

6

पल में तोला पल में माशा

अभि ने अपनी टेबल के ऊपर से झांककर एक नज़र श्रुति की तरफ देखा। नज़र मिलते ही श्रुति ने वितृष्णा से चेहरा दूसरी तरफ घुमा लिया।

यूँ तो ऑफिस बहुत बड़ा था। शानदार इंटीरियर और बेहतरीन लाइटिंग के कारण ऑफिस का कोना-कोना जगमगाता था। लेकिन श्रुति के टेबल की पोजीशन ही कुछ ऐसी थी कि सीधी रौशनी की एक किरण श्रुति के दमकते चेहरे को और दीप्त कर देती। अभि की टेबल से यह दृश्य यूँ लगता जैसे श्रुति का चेहरा गुलाबी शीशे में ढला हो। यह खूबसूरत दमक बरबस ही अभि का ध्यान अपनी ओर खींच लेती। ऐसा नहीं कि अभि जानता नहीं कि यह लाइटिंग का कमाल है। बल्कि श्रुति को जितना वह जानता उतना शायद ऑफिस में कोई नहीं जानता।

"देख देख, तेरी तरफ देखा।" वंदना ने रोमांचित होते हुए कहा।

"देखने दे।" श्रुति ने उदासीनता और नफरत के मिले जुले अंदाज़ में कहा।

"कितनी रूड है रे तू..." वंदना ने लानत की।

"तुझे क्या? तू क्यों इतनी एक्साइटेड हो रही है?" श्रुति ने भी उसे ताना दिया।

"कितना क्यूट लग रहा है?"

"सो व्हाट?"

"सच! तुझसे बात करने का कोई मतलब नहीं..." वंदना ने बेज़ार होकर कहा।

"तो मत कर..." श्रुति ने भी जवाब दिया।

वंदना चुप रह गई। श्रुति ऐसी ही है। उसे कुछ भी समझाया नहीं जा सकता। एक बार जिस बात पर अड़ गई तो अड़ गई। वंदना को टका सा जवाब देकर श्रुति अपने काम में डूब गई। ऑफिस में फिर वही मनहूस खामोशी व्याप्त हो गई। श्रुति की डेस्क जब से वंदना के बाजू में लगी है। वंदना हर कुछ देर में श्रुति की तरफ देख कोई न कोई टॉपिक उछाल ही देती है। अगर वह चुप रहे तो श्रुति ही कोई न कोई बात छेड़ ही देती है। जैसे अभी कुछ देर पहले वह अपनी नई सम्भावित प्रेम कहानी की रूपरेखा वंदना के सामने प्रस्तुत कर रही थी कि वंदना ने बीच में ही अभि की बात उठा दी जिससे श्रुति भी अनमनी सी हो गई। वैसे भी श्रुति के मूड का कोई भरोसा नहीं होता। वह तो तराज़ू के दोनों पल्लों सा डोलता है; जैसे पल में तोला, पल में माशा।

वंदना से भी कब रहा जाता है।

"ये, बता न..." वंदना ने उसकी डेस्क की तरफ झुकते हुए फुसफुसाकर कहा। अचानक वह सतर्क हो गई। एक खामोश हलचल सी माहौल में व्याप्त हो गई। उसने दरवाज़े से निहारिका मैम को दाखिल होते देखा। साड़ी का आंचल लहराती, उन दोनों की तरफ मीठी मुस्कान बिखेरती हुई वह अपने केबिन की तरफ बढ़ गई तो वंदना ने चैन भरी एक लम्बी सांस ली। सहसा वह रुकी और वापस आकर इस बात से अंजान अपने डेस्कटॉप के मॉनीटर की स्क्रीन में डूबी श्रुति के पास आकर बोली, "हलो श्रुति।"

श्रुति जैसे नींद से एकदम जागी हो- "हलो मैम।"

"अरे कोई बात नहीं, कोई बात नहीं," मुसकुराकर निहारिका मैम ने कहा, "मैंने सोचा पता नहीं श्रुति किस चीज़ में इतना डूबी हुई है।"

"कुछ खास नहीं मैम बस..." श्रुति हड़बड़ा गई उसे समझ नहीं आया क्या जवाब दूं।

"कीप इट अप। इनसान को ज़िंदगी में हर काम ऐसे ही दिल लगाकर पूरी लगन से करना चाहिये। कैरीऑन..." कहती हुई वह आगे बढ़ गई।

वंदना ने धीमे स्वर में श्रुति को चिढ़ाते हुए कहा, "मुझे मालूम है तेरा दिल कहाँ लगा हुआ है और ध्यान कहाँ है।"

"चुप न! अब मरवा ही डालेगी क्या?" श्रुति ने वंदना को झिड़कते हुए कहा।

๑๑

"एक्स्क्यूज़ मी..." वंदना ने कहा और श्रुति को खींचने लगी। श्रुति को बहुत अटपटा लगा।

'इतने लोग बैठे हैं...'

"बैठ न यहीं।" वह बोली।

"चल न..." वंदना ने उसे खींचते हुए कहा।

"छोड़ न..." श्रुति ने झेंपते हुए कहा।

"नहीं नहीं, जाओ जाओ। अभी दिल कहाँ भरा तुम लोग का," संजना मैम ने व्यंग करते हुए कहा, "हम लोग भी हैं भाई..." श्रुति एकदम से झेंपकर आसपास देखने लगी।

लंच टाईम था और ऑफिस का सारा स्टाफ यहाँ कैंटीन में जमा था। आसपास और दूसरे लोग भी बैठे थे। अभि अब तक नहीं आया था। वंदना अभी-अभी आई और...

'ये वंदना भी न...'

श्रुति जानती है। उसे क्या चाहिये। बस दिनभर चटपटी मसालेदार खबर सुनाते रहो...। आज भी वो किस्सा अधूरा रह गया था न। क्या थोड़ा वेट नहीं कर सकती? इतने लोगों के बीच से...।

"यार वंदना तू तो बिल्कुल बदल गई आजकल।" संजना बोली, "अरे तेरी डेस्क जब से श्रुति के साथ लगी है अपनी बेस्ट फ्रेंड को भूल ही गई है।"

"सॉरी यार संजू, बस दो मिनट..." संजना जानती है वंदना के दो मिनट कितने लम्बे होते हैं। असल में वंदना और संजना दोनों खास दोस्त थीं। मतलब, हैं अभी भी। पर आजकल श्रुति की तरफ झुकाव ज़्यादा हो गया है। लेकिन संजना इस बात का बुरा नहीं मानती। वह वंदना को अच्छी तरह जानती है। संजना, वंदना से सीनियर है पर वह हमेशा संजना को प्यार से संजू ही बुलाती है। और जबतक वह उसे संजू कहकर बुलाये संजना को कोई प्रॉब्लम नहीं। प्रॉब्लम तो तब होगा जब वह उसे संजना या मैम कहने लगे। हालांकि श्रुति हर तरह से ज्युनियर होने के कारण उसे मैम या संजना मैम ही बुलाती है।

"अरे जाने दो, जाने दो न मैम।" अवि ने कहा, "वैसे भी अभि के लिये एक चेयर खाली रखना है।" अवि ने भी जानबूझकर अभि का नाम लिया जिसे सुनकर श्रुति चुपचाप वंदना के साथ दूसरे टेबल पर जा बैठी।

"हाँ, सुना..." वंदना उत्सुकता से बोली। "तू भी न..."

शिकायत के लहज़े में श्रुति बोली, "इतने लोगों के सामने...? थोड़ा वेट नहीं कर सकती थी?"

"अरे, छोड़ न उन लोगों को। उन्हें क्या पता?" वंदना उतावली होते हुए बोली, "आई एम सो एक्साइटेड शुरू से सुना न कुछ बात बनी?"

"तू कब एक्साईटेड नहीं रहती। अरे! पहली बार में क्या बात बनेगी..." श्रुति की आँखों में तैरते सपने नज़र आने लगे। वह जैसे कहीं खोने लगी, "ऑफिस से घर जाते हुए मेरी स्कूटर खराब हो गई थी। खराब भी क्या कहूँ यार, मैंने सड़क पर रुककर ज़रा एक दुकान से वेजिटेबल्स लिये और स्कूटर स्टार्ट करने लगी। पता नहीं क्या हुआ कि स्कूटर स्टार्ट ही नहीं होता। मुझे ज़्यादा जानकारी नहीं है इस सब की। मैं तो बस बटन दबाकर सेल्फ मारकर गाड़ी स्टार्ट करना ही जानती हूँ। सो मैं वही करती रही। कभी चोक देती कभी नहीं। स्कूटर तो जैसे मुर्दा ही हो गया था। पहले मुझे लगा कि शायद करंट का प्रॉब्लम होगा लेकिन हेडलाईट तो जल रही थी। फिर मैंने किक मारना शुरू किया लेकिन मुझसे किक भी मारते नहीं बनती थी। ज़िंदगी में कभी यह किया ही नहीं। बड़ी मुश्किल थी। आते जाते लोग मुझे देखते हुए आगे बढ़ जाते। तभी मेरी मुसीबत कम थी शायद कि अचानक पानी भी गिरने लगा। बेमौसम बरसात। जैसे इसी की कसर रह गई थी। मैं भीगती भागती स्कूटर स्टार्ट करने की कोशिश में लगी रही। स्कूटर, बाईक्स और कार से लोग सड़क पर भागे चले जा रहे थे। मैं सोचने लगी कि दुनिया कितनी संवेदन हीन हो गई है। क्या इनमें से किसी को एक अकेली परेशान लड़की की कोई फिक्र नहीं? जैसे किसी ने मेरे दिल की बात सुन ली हो अचानक एक मर्सीडीज़ जो मेरे पास से गुज़री थी अगले ही क्षण वह रिवर्स में आकर मेरे पास रुकी।

"एनी प्रॉब्लम?" ड्राइविंग सीट से झांकते हुए एक चेहरे ने पूछा।

मैं जवाब में सिर्फ सिर हिला सकती थी। मैंने वही किया। वह बरसात की परवाह किए बिना कार से उतर आया तब पहली ही नज़र में मुझे लगा कि यही है वह जिसकी भविष्यवाणी बाबाजी ने की थी कि एक शानदार मोटर वाले खूबसूरत नौजवान से तेरी शादी होगी। यही है वह जिसके बारे में मेरी दादी हमेशा कहती थी कि तुझे ब्याहने तो कोई राजकुमार ही आयेगा; जिसके पास खूब बड़ी गाड़ी होगी। नौकर-चाकर होंगे। यही है वह जिसका मैं बचपन से इंतज़ार कर रही थी।

वह बरसात में ही कार से बाहर निकलकर मेरे पास आया। मेरी स्कूटर को स्टार्ट करने की कोशिश करने लगा। इस समय वह मेरे इतने करीब था कि उसकी गंध मेरे नथुनों में पहुंच रही थी। उसकी बाहें मेरे इतनी करीब थी कि मेरे शरीर के रोयें खड़े हो गये। पता नहीं मुझपर जैसे कोई नशा सा छाने लगा था कि स्कूटर के स्टार्ट होने की आवाज़ ने मुझे चौंका दिया।

"अभी जब भी स्टार्ट न हो तो आप इस अगले ब्रेक को दबाकर सेल्फ मारें, स्टार्ट हो जायेगी। लेकिन इसे कल ही मैकेनिक के पास ले जाएँ बस एक स्विच चेंज करना है। छोटा सा काम है। सौ पचास का। ज़्यादा मत दीजिएगा।" वह बोल रहा

था और मैं सोचने लगी कि कितना डाऊन टू अर्थ है। चलता है मर्सीडीज़ पर और स्कूटर के बारे में इतना नॉलेज?

तब तक बरसात रुक चुकी थी; मानो बस इसी घटना के लिए बरसात आई हो। उसने अपने सिर को झटका दिया और गीले बलों को हाथ से समेटते हुए सिर पर हाथ फेरा। और इससे पहले कि मैं थैंक्यू कह पाती उसकी मर्सीडीज़ कार फर्राटे से आगे निकल गई। दूर जाती कार को मैं देखती रही। मेरी नज़र उसकी नम्बर प्लेट पर पड़ी तो सहसा मेरे मुंह से निकला, "चार सौ बीस..."

❧

दूसरे दिन जब श्रुति ऑफिस आई तो बेचैनी से वंदना के आने का इंतज़ार करने लगी। वंदना के आते ही वह बोली, "कब से वेट कर रही हूँ..."

"क्या बात है? आज तो तू बड़ी एक्साईटेड लग रही है?" वंदना ने व्यंग्यात्मक लहज़े में कहा।

"अरे! वह आज भी मिला था।" कहते हुए श्रुति की आवाज़ थरथराने लगी थी।

"क्या?" हैरानी और उत्तेजना की अधिकता से वंदना चीख उठी। अचानक ही उसे अहसास हुआ। उसने आसपास नज़र दौड़ाई उनके सभी कलीग्स उसकी तरफ देख रहे थे।

"क्या?" उसने श्रुति की भर्त्सना पूर्ण निगाहों की ताब न लाते हुए, आवाज़ दबाकर धीमे से पूछा।

जवाब में श्रुति ने हाँ में सिर हिलाया।

"वही मर्सिडीज वाला?" वंदना ने पूछा। श्रुति ने फिर वही धीरे से हाँ में सिर हिलाकर जवाब दिया।

श्रुति ने फुसफुसाकर बताया, "मेरी स्कूटर मैकेनिक के पास थी इसलिये मैं सड़क पर खड़ी किसी बस या आटो का इंतज़ार कर रही थी कि तभी वही मर्सिडीज मेरे सामने आकर रुकी। उसमें से सिर निकालकर उसने पूछा, "अरे, स्कूटर कहाँ है आपकी?"

"मैकेनिक के पास।" मैंने झेंपते हुए कहा।

"आइये आपको कहीं ड्रॉप कर दूँ?" बगल वाली सीट का दरवाज़ा खोलते हुए उसने कहा।

"नहीं नहीं, मैं चली जाऊंगी।" झेंपते हुए मैंने कहा।

"आइये भी, तकल्लुफ क्यों कर रही हैं।" उसने कहा और मैं आसपास वालों की जिज्ञासा का केंद्र बनने से बचने के लिये झट से अंदर बैठ गई। सोच इतनी देर तक

इतने पास था वह..."

"तू बैठ गई?"

"तो और क्या करती?"

"तू किसी दिन फिर धोखा खायेगी। तू जानती है न तू पहले भी बड़ी कार वालों के चक्कर में दो बार धोखा खा चुकी है?"

"ये उनमें से नहीं है रे। ये तो सबसे अलग है। मैं तो कहती हूँ यही है मेरा मिस्टर परफेक्ट। अगर ऐसा नहीं होता तो वह फिर दोबारा मिलता मुझे?"

"तू तो दीपक के बारे में भी ऐसा ही कहती थी। क्या निकला शादी शुदा, फ्लर्ट?"

"इसकी बात अलग है..."

"लगता है फिर धोखा खायेगी।"

"शर्त लगा ले।" श्रुति ने चैलेंज किया।

"चल वादा कर, अगर इस बार धोखा हुआ तो तू चुपचाप अभि का प्रपोज़ल एक्सेप्ट कर लेगी।" वंदना ने शर्त रखी।

"हाँ, चल सच्ची में..." श्रुति ने भी शर्त स्वीकार कर ली।

उस दिन के बाद वह श्रुति को मॉल में भी मिला और दोनों ने साथ चाय पी।

"अब क्या कहेगी? अब संयोग बार-बार तो नहीं होते न?" श्रुति ने वंदना से कहा।

"शायद तू ठीक कहती है..." वंदना ने हार मानते हुए कहा।

෧෨

उसका मिस्टर परफेक्ट उसके बाद से फिर कभी नहीं मिला। संयोगवश हुई मुलाकातों के कारण श्रुति ने उसके बारे में कोई जानकारी भी नहीं ली। न मोबाइल नंबरों का आदान-प्रदान हुआ न नाम वगैरह की जानकारी। अभी तक तो उसने सिर्फ शिष्टाचार ही निभाया था। इसे मुहब्बत तो क्या परिचय भी नहीं कह सकते। लेकिन श्रुति को अब भी पूरा विश्वास था कि यह वही है; बड़ी सी मोटर और महल जैसे घर वाला। भाग्य का लिखा कभी झूठ नहीं हो सकता। जैसे वह तीन बार मिला है; वैसे ही चौथी बार भी मिलेगा ही।

लेकिन... अगर नहीं मिला तो...? दो बार पहले भी वह धोखा खा चुकी है। इस बार भी ऐसा ही हुआ तब...? अभि...?

अभि में क्या बुराई है? वह सोचने लगती है- साथ ही काम करता है। साथ की ही ज्वॉइनिंग है। देखने दिखाने में भी बुरा नहीं। उससे स्वाभाविक रूप से अच्छी दोस्ती तो रही है। उसकी बहुत केयर करता रहा है। लेकिन उसने यह कभी सपने

भी नहीं सोचा था कि वह प्रपोज़ कर देगा। हाऊ डेयर ही? गुस्सा तो आयेगा ही...। सोचो तो जॉब लगे दिन ही कितने हुए हैं? न कार है न बंगला। अपना फ्लैट तक नहीं है, शहर में। और शादी के सपने देखने चला है...

लेकिन अगर उसी से शादी करनी पड़ी तो? उसने शर्त तो लगा ली है वंदना से। नहीं, वह अब रिस्क नहीं लेगी। अपने मिस्टर परफेक्ट से अगली मुलाकात में ही बातचीत आगे बढ़ा लेगी। लेकिन वह फिर मिलेगा? सोचकर वह कांप उठती। वंदना उसे दिलासा देती, "पेशेंस रख जैसे वह तीन बार मिला है, चौथी बार भी मिलेगा..."

"अगर नहीं मिला तो?" श्रुति एकदम रुआंसी हो गई।

इसके बाद वह हमेशा बस या टैक्सी से ऑफिस आने लगी। स्कूटर खराब होने का तो बस बहाना था। वह तो सड़क पर खड़े रहकर उसी मिस्टर परफेक्ट का इंतज़ार करती रहती। बस एक बार वह आ जाये। इस बार वह कोई गलती नहीं करेगी। उससे नाम, काम, पता, मोबाइल नम्बर सब पता कर ही लेगी। लेकिन वह मिले तो। लेकिन दिन पंख लगाकर उड़ते रहे। हर गुज़रते दिन के साथ उसकी निराशा बढ़ती ही जाती। अभि का खयाल भी उसे जैसे चिढ़ाने के लिये ही आता। उसे लगता जैसे अभि उसकी हालत पर अट्टहास कर रहा है। सुना है आजकल इसी जगह किसी दूसरी कम्पनी की कोई सीनियर लड़की के साथ देखा जाने लगा है। कई बार वह उसे अपनी ही कार से ड्रॉप करने और रिसीव करने भी आ चुकी है? हुंह! आ गई न असलियत सामने? अभि का तो चेहरा ही अब ज़हर लगने लगा है। जी चहता है...

❦

अभी-अभी लंच टाईम खत्म हुआ था। अभि अपनी सीट पर आ चुका था। धीरे-धीरे सभी आने लगे थे। अभि अपने काम में मन लगाने की कोशिश में था लेकिन उसकी नज़र किसी को ढूंढ रहीं हो जैसे। उसका मानना है कि श्रुति को कोई भी नहीं समझ सकता। जाने किस कारण से उसका दिमाग सातवें आसमान पर रहता है। लेकिन न चाहते हुए भी उसकी नज़र जाने क्यों श्रुति की ओर उठ ही जाती है। उसका दिल दो हिस्सों में बटा हो जैसे।

अभी-अभी श्रुति और वंदना भी दरवाज़े से अंदर दाखिल हुईं। अभि ने एक नज़र देखा और फिर अपने काम में जुट गया। लेकिन वंदना की एक नज़र तो हमेशा अभि पर लगी रहती हो जैसे- "देख, देख उसने फिर देखा।" उसने श्रुति से कहा।

"अब किसी की आँखें तो बंद नहीं की जा सकती न?" अपने मिस्टर परफेक्ट से मिलने की क्षीण होती आशा से आहत श्रुति ने कहा।

"तू इतनी रूड क्यों होती है?" वंदना ने कहा।

"क्या करूँ? उसकी आरती उतारूँ?" चिढ़कर श्रुति ने कहा।

"उतार ले, क्या पता..." वंदना ने वाक्य अधूरा ही छोड़ दिया लेकिन श्रुति ने जैसे उसकी बात काटते हुए ही कहा, "मुझे तो उसके चेहरे से भी नफरत होने लगी है।"

"लेकिन सच में, बहुत चाहता है तुझे।" वंदना ने हार नहीं मानी।

"हुन्ह! ये मुंह और मसूर की दाल। मुझे चाहने के लिये औक़ात भी चाहिये।" श्रुति ने कहा, "ऐसे फटीचर से..."

"क्या कमी है उसमें? तेरा ही बैच मेट है। तेरे बराबर पैकेज है। टैलेंटेड है। हो सकता है कल को तुझसे आगे निकल जाये।"

"अच्छा? आगे निकलेगा? तो ये देख..." श्रुति सहसा बिफरकर उठी और सीधा अभि की टेबल पर पहुंच कर चिल्लाई, "ए मिस्टर!"

अभि घबराकर खड़ा हो गया।

"क्या हुआ? क्या हुआ?" उसने घबराकर डूबती आवाज़ में पूछा। वह हतप्रभ था। ज़िंदगी में पहली बार कोई लड़की उससे इस तरह पेश आई थी। वह भी श्रुति? आज तक तो सभी लड़कियाँ उसे शरीफ ही समझती रही। जाने इसे मुझसे क्या कॉम्प्लेक्स है? सिर्फ एक बार प्रपोज़ ही तो किया था। उसके बाद तो कभी...

"हाऊ डेयर यू?" वह बिफरकर बोली।

तब तक वंदना भी वहाँ भागती हुई आ गई और श्रुति को शांत करने की कोशिश करने लगी।

"श्रुति... श्रुति... क्या कर रही हो?" वह श्रुति को खींचती हुई बोली।

"क्या... क्या हुआ श्रुति?" वह उसी तरह घबराता हुआ बोला।

"मेरा नाम मत ले अपनी गंदी ज़बान से..."

"ठीक है, सॉरी... आई एम सॉरी। मैम... मैम... क्या हुआ मैम?" हकलाते हुए उसने, श्रुति को मैम कहकर सम्बोधित किया।

"ठीक है। चल अब चल। उसने सॉरी बोल दिया न..." वंदना फिर बीच बचाव करने लगी। वह अपने आप को कोस रही थी कि क्यों उससे यह सब बातें की।

"तेरी हिम्मत कैसे हुई मेरी तरफ देखने की?" श्रुति ने अभि से कहा।

"पागल हो गई है क्या?" वंदना ने रुआंसी होकर कहा। अविनाश ने आकर घबराये हुए अभि को दिलासा दिया। जिससे अभि थोड़ा नॉर्मल महसूस करने लगा।

तब तक ऑफिस का सारा स्टाफ वहाँ जमा होने लगा था। यह देख, अभि और सकपका गया। वंदना भी घबरा गई। हालात का सामना कैसे करें दोनों समझ नहीं पा राहे थे। भीड़ देख, मुकुंद वहाँ आ पहुंचा। सबसे सीनियर होने के कारण सब उसे मुकुंद सर कहते और उसका सम्मान भी करते थे।

"व्हाट हैप्पेंड? क्या हुआ है?" उन्होंने आते साथ सवाल किया। वंदना उन्हें सारी बात समझाने लगी। तभी शोर सुनकर निहारिका मैम वहाँ आ पहुंची। निहारिका मैम उन सब की इंचार्ज थी। स्वभाव से मिलनसार थी। खासकर लड़कियों से। लेकिन अभी वे यहाँ दूसरे ब्रांच से नई नई आई थी और सब लोगों से उतनी परिचित भी नहीं थीं। वंदना और श्रुति हालांकि उनसे काफी घुल मिल चुकी थी। उसे देखते ही श्रुति ने शिकायत भरे लहज़े में कहा- "मैम यह यहाँ से मुझे घूरे जा रहा है...।"

"व्हाट? मिस्टर अभिमन्यु सिंह, क्या तुम्हें अपनी कलीग्स लड़कियों की रिस्पेक्ट करना नहीं आता? ऐसे लोग भी हैं यहाँ पर मेरे स्टाफ में?" निहारिका मैम बिफर पड़ी, "लेकिन मैं ऐसी हरकतें बर्दाश्त नहीं कर सकती। आई हैव टू सम एक्शन..."

"मैम, प्लीज़... आई थिंक देयर इस सम मिस अंडरस्टैंडिंग..." मुकुंद सर ने बीच बचाव करते हुए कहा।

"नो मिस्टर मुकुंद, डोंट डिफैंड हिम..." निहारिका मैम गुस्से से बोली।

"नहीं मैम ऐसी बात नहीं है..." वंदना ने भी कहना चाहा। लेकिन निहारिका मैम तब तक गुस्से से आग बगूला हो चुकी थी।

"पहले तो आप माफी मांगिये श्रुति से..." वह बोली।

"सॉरी..." श्रुति की तरफ कातर नजरों से देखते हुए अभि ने कहा।

"दैट्स बेटर नाऊ आई हैव टु इशु यू अ चार्जशीट..." कहती हुई निहारिका मैम अपने केबिन में चली गई। मुकुंद ने हाथ से अभि को शांत रहने का इशारा किया और निहारिका के पीछे-पीछे केबिन में जा पहुंचा।

"मैम अभि ऐसा लड़का नहीं है।" उसने निहारिका को कनविंस करना चाहा।

"व्हाट यू मीन बाई ऐसा लड़का नहीं है? क्या श्रुति ऐसी वैसी लड़की है?" निहारिका मैम ने सख्त लहज़े में कहा।

"नहीं, मेरा वह मतलब बिल्कुल नहीं मैम। मैं तो बताना चाहता था कि अभि असल में काफी सोबर और एलिगेंट लड़का है। और काफी हेल्प फुल और बहुत केयरिंग नेचर का लड़का है। और श्रुति भी कोई खराब नेचर की लड़की नहीं है। हाँ थोड़ी नकचढ़ी और सपनों की दुनिया में रहने वाली ज़रूर है..." मुकुंद कहने लगा।

"आप कहना क्या चाहते हैं मिस्टर मुकुंद?" निहारिका मैम ने पूछा।

"दरअसल दोनों बहुत अच्छे दोस्त हुआ करते थे एक समय। यू नो दोनो की ज्वाईनिंग भी एक ही दिन की है। और अभि तो बहुत ही केयर करता था श्रुति की। सब को यही लगता कि दोनों के बीच कुछ है। यहाँ तक कि दोनों को लोग दबी ज़बान में लैला मजनू और हीर रांझा जैसे टाईटल्स भी देने लगे। लेकिन सभी खुश भी थे उनके लिए। लेकिन हैरानी की बात थी कि एक दिन अभि ने शादी के लिये प्रपोज़ कर दिया श्रुति को और तब से पता नहीं क्यों वह खार खाने लगी अभि से..."

"तो क्या अब वह उसके पीछे ही पड़ जायेगा? उसे समझना चाहिये, लड़की ने एक बार न कर दी तो कर दी।"

"नहीं वह उसके पीछे नहीं पड़ा मैम, बल्कि उससे जाने श्रुति ने क्या कहा कि वह उससे दूर-दूर ही रहने लगा। हम लोगों को भी बहुत हैरानी हुई; लेकिन धीरे धीरे श्रुति से ही यह पता चला।"

"मैम..." तभी वंदना भी अंदर आ गई, "एक्चुअल में मेरी मिस्टेक है। मैंने ही श्रुति के सामने कुछ ज़्यादा ही तारीफ कर दी थी अभि की; जिससे वह भड़क गई।"

"वंदना तुम भी?" हैरानी से निहारिका मैम ने कहा, "तुम तो श्रुति की बेस्ट फ्रेंड हो...?"

"हाँ मैम, लेकिन इस सब में अभि का कोई कसूर नहीं। दरअसल श्रुति भी आजकल कुछ टेंस चल रही है। बस शायद इसी लिये वह अभि की तारीफ बर्दाश्त नहीं कर सकी।" वंदना ने भी बात को सम्हालने की कोशिश की।

"किस बात से टेंस है श्रुति?"

"कुछ खास नहीं मैम। बस ऐसे ही।"

"लेकिन यह अच्छी बात तो नहीं है न वंदना?"

"ठीक है मैं उसे समझा दूंगी।" कहकर वंदना जाने के लिये मुड़ी।

"लेकिन फिर अभिमन्यु ने सॉरी क्यों कहा?" सहसा प्रश्न दागा निहारिका मैम ने।

"बस, उसका दिल रखने के लिये..." वंदना ने जवाब दिया।

☙

"बस, उसका दिल रखने के लिये..." निहारिका ने मन ही मन दोहराया। एक मुस्कान उसके चेहरे पर खेल गई।

'अच्छा लड़का है अभिमन्यु,' उसने मन ही मन कहा, 'श्रुति स्टुपिड है। उसे कद्र करनी चाहिये...' उसे विवेक की याद आ गई...

विवेक उसका हसबैंड था; लेकिन उसने कहाँ कद्र की थी उसकी। ऐसी ही तो तुनक मिजाज़ थी वह भी। आखिरकार उसे छोड़ कर चली गई। लेकिन वह सब अनमेच्योर्ड सोच का ही कारण था। आखिर उससे दूर होने के बाद समझ आया कि वह कितना इम्पोर्टेंस रखता था उसके लिये। लेकिन खुद होकर उसके सामने यह स्वीकार करने की हिम्मत वह कभी जुटा ही न सकी। धीरे-धीरे टूटती सी गई। वह शायद उसका मानसिक संबल था। और जैसे उसके बिना ज़िंदगी बहुत कठिन थी। पहले तो सोचा उसकी शायद आदत पड़ गई है और दिन बीतते बीतते यह आदत छूट जायेगी। लेकिन जितने दिन बीतते उसे विवेक की ज़रूरत और अधिक महसूस होती। इन दिनों कितने लोगों से कितने मर्दों से वास्ता पड़ा। वह हर एक की तुलना विवेक से करती लेकिन कोई उस जैसा मिला ही नहीं। मिल जाता तो शायद बात कुछ और होती।

किस आस से वह शहर में वापस आई थी? सोचा था शायद इतफाक से कहीं टकरा ही जायेगा तो...। लेकिन क्या होगा उसके बाद? क्या वह अपनी बात कह सकेगी उससे। अब जबकि उसे छोड़े इतने दिन हो गये। क्या कभी...? और ऐसे ही बहुत से सवाल थे। और थी गहरी बेचैनी। आखिर जैसे उसके दिल की तड़प विवेक के दिल तक पहुंच ही गई। अभी चार ही दिन पहले वह हैरान रह गई जब यकायक विवेक उसके पास पहुंचकर बोला, "आई एम सॉरी बेबी। मुझे माफ कर दो और घर चलो। मैं तुम्हारे बिना जी नहीं सकता।"

लेकिन तब उसका इंडिपेंडेंट और स्ट्रॉन्ग वुमन होने का दम्भ जैसे यकायक चकनाचूर हो गया। उसने कातर नेत्रों से विवेक की ओर देखा। पहले उसकी आँखों में आंसू आये और फिर वह विवेक से लिपटकर, हुमक-हुमक कर रोने लगी। विवेक घबरा गया और बार-बार उसे सॉरी बोलने लगा। कितने बांध थे आँसुओं को रोकने वाले? आज कहाँ थे?

जब आँसुओं का वेग थमा तो विवेक के सीने पर मुक्का मारते हुए उसने कहा था, "तुम बहुत बुरे हो। जब तुम्हारी गलती नहीं तो तुम सॉरी क्यों बोलते हो? तुम्हारी इन्हीं आदतों ने तो मेरा दिमाग खराब कर दिया था। एक्चुअली मुझे सॉरी बोलना चाहिये?"

"छोड़ो ये सॉरी वारी की बातें," विवेक ने कहा, "हम हसबैंड वाईफ हैं बेबी। गलती किसी की भी हो तकलीफ तो दोनों को होनी है। असल बात तो ये है कि हम साथ हों।"

"फिर तुमने सॉरी क्यों कहा?" निहारिका बोली, "मेरा दिल रखने के लिये न?"
वह कुछ नहीं बोला। सिर्फ मुसकुरा दिया।

"मैं तुम्हारे जैसी क्यों नहीं हूँ?" निहारिका ने कहा।

"इसकी ज़रूरत नहीं है बेबी। हस्बैंड वाईफ में डिफ्रेंसेस न हों तो एक दूसरे की कमियों को कैसे पूरा करेंगे। इसलिये जैसी तुम हो ठीक हो, जैसा मैं हूँ ठीक हूँ।"

'हाऊ जीनियस? कितना प्रैक्टिकल और कितना समझदार। अलगाव के इन दिनों ने उसे भी पकाया और मुझे भी।' निहारिका सोचती रही, 'मुझे नहीं लगता था कि सिचुयेशंस को सम्हालने की यह एबिलिटी विवेक के सिवा किसी और में होगी। लेकिन आज अभिमन्यु को जानकर...'

बहुत सी बातें निहारिका के मन में उमड़ती घुमड़ती रहीं।

श्रुति भी वही गलती कर रही है। क्या मुझे उसे समझाना चाहिये? क्या उसकी पर्सनल लाईफ में दखल देना सही रहेगा?...

"मैम, आप नहीं जा रहीं?" मुकुंद की आवाज़ से निहारिका को ध्यान आया कि आफिस का टाइम हो चुका है। लोग घर जाने की तैयारियाँ कर रहे हैं। कुछ तो जा भी चुके हैं।

☙

ऑफिस छूट गया है। बाहर आते ही उसकी नज़र आसमान की तरफ जाती है। ऑफिस की बेहतरीन प्रकाश व्यवस्था की अभ्यस्त आंखें शाम की धुंधलाती रौशनी में कुछ राहत पाती है। बाहर की प्रदूषित वायु में भी एक किस्म की ताज़गी है। अंदर एसी का प्रदूषण रहित वातावरण भी इस प्रदूषित वायु का मुकाबला नहीं कर सकता। अंदर बंदिश है। पाबंदियाँ हैं। बाहर आज़ादी। और आज़ादी का मुकाबला किसी शय से नहीं हो सकता। ऑफिस छूटकर बाहर आते लोग। थके हुए चेहरे आज़ादी की उमंग से प्रफुल्लित चेहरे कितने प्यारे लगते हैं। अभी कुछ क्षणों में ये दुनिया की भीड़ में खो जायेंगे। फिर अपने अपने घरों में पहुंचकर दुनिया की उलझनों में गिरफ्तार हो जायेंगे।

इन्हीं चेहरों में दो चेहरे हैं वंदना और श्रुति के। निहारिका को लगता है जैसे उसका ध्यान पहली बार श्रुति पर गया है। या आज शायद उसकी नज़र ही नई है। श्रुति के खुले बाल कंधे से थोड़ा ही नीचे आकर खत्म हो जाते हैं। कद दरमियाना। औसत शरीर। ग्रे कलर की चुस्त जींस पर कुछ कुछ व्हाइट सा टॉप। वह अपने आप को शायद खोज रही है श्रुति में। इसने क्यों ठुकराया होगा अभि को?

"श्रुति क्या बस का इंतज़ार करेगी चल मैं तुझे छोड़ देती हूँ। और कल से अपनी स्कूटर से आना। वह किस्मत में होगा तो किसी भी हाल में मिल ही जायेगा..." वंदना श्रुति से कह रही है।

"किसके इंतज़ार में हैं लड़कियाँ?" निहारिका मैम ने जैसे पीछे से आकर छापा ही मार दिया हो। हड़बड़ा जाती हैं दोनों लड़कियाँ, "किसी का नहीं किसी का नहीं मैम्। हम तो बस आपस की बात कर रहे थे...।"

"श्रुति चलो मैं तुम्हें ड्रॉप कर देती हूँ।" निहारिका ने कहा। श्रुति ने वंदना की तरफ सवालिया निगाह से देखा। वंदना ने कंधे उचका दिये।

"ओके, बाय देन..." कहकर वह पार्किंग की ओर अपनी स्कूटर निकालने चली गई।

"श्रुति, सामने सड़क पर मेरा वेट करो मैं गाड़ी लेकर आती हूँ।" कहकर निहारिका भी पार्किंग की तरफ बढ़ गई। कुछ कुछ हतप्रभ सी श्रुति सड़क पर खड़ी किसी का इंतज़ार करने लगी। साफ है वह निहारिका मैम का तो इंतज़ार कर नहीं रही थी। अभी भी उसके मन में एक क्षीण सी आशा बाकी थी। यह आखिरी दिन है। कल से मैं उसका इंतज़ार नहीं करूंगी। शायद आज वह आ जाये...

तभी उसकी जानी पहचानी सी सिल्वर कलर की मर्सिंडीज कार आकर उसके सामने रुकी। उसका दिल अचानक ज़ोर से धडकने लगा। लेकिन उस कार की ड्राइविंग सीट से निहारिका मैम ने झांककर कहा, "आ जाओ श्रुति।"

"मैम आपके पास तो वह काली कलर की होंडा सिटी थी न?" आश्चर्य से श्रुति ने पूछा और मनाने लगी कि यह वह मर्सिंडीज न हो।

"मेरे हसबैंड की है। हमारा पैचअप हो गया न? उसे अपनी गाड़ी थमा दी...।" वह और भी कुछ कहती रही तब तक श्रुति एक चक्कर लेकर कार की दूसरी ओर के डोर तक पहुंच गई। उसने दरवाज़ा खोला लेकिन बैठने की बजाय कुछ सोचकर बोली, "आई थिंक मैम, मैं अभि से लिफ्ट ले लेती हूँ। आज मैंने उसे बिना मतलब सुना दिया न।"

"ओके, दैट्स बेटर आईडिया। कीप इट अप ऐंड गुड लक।" खुश होते हुए निहारिका ने कहा और श्रुति के मूड में सहसा आये इस परिवर्तन के कारण आश्चर्य में डूब गई। कैसे इस लड़की का मिजाज पल-पल में चेंज होता है? पल में तोला पल में माशा।

निहारिका मैम की गाड़ी भी आगे निकल गई। नजरों से ओझल होने तक श्रुति की नज़र गाड़ी की नम्बर प्लेट पर जमी रही।

सहसा उसके मुख से निकला, "चार सौ बीस..." और आँसुओं से उसकी नज़र धुंधला गई.

☙

अभि ने बाईक पर वहाँ से गुज़रते हुए, श्रुति को देख बाइक उसके पास ले जाकर रोक ली। श्रुति के आँखों में आंसू देख उसे विश्वास नहीं हुआ। यह वही श्रुति है?

"क्या हुआ मैम? आप रो रही हैं?" सतर्कता से उसने सवाल किया, "कोई प्रॉब्लम है क्या? वंदना कहाँ है?"

"कोई प्रॉब्लम नहीं। मैं कहाँ रो रही हूँ?" कहते हुए उसने आँखें पोंछ ली। लेकिन अभि की नज़र से यह छुपा नहीं।

'कुछ तो गड़बड़ है।' अभि ने मन में कहा।

"चल पहले मुझे ड्रॉप कर देना।" श्रुति ने बेझिझक आदेशात्मक स्वर में कहा।

"श्योर?" अभि ने आश्चर्य से पूछा। लेकिन श्रुति तब तक उसकी बाइक में पीछे बैठ गई थी।

"और ये क्या मैम मैम लगा रखा है? मैं तेरी सीनियर हूँ क्या?" अभि को कसकर थामते हुए श्रुति बोली। क्या चीज़ है श्रुति। समझ में नहीं आता। अभि हैरान होता हुआ बोला, "नहीं, आपने नाम लेने के लिये मना किया था..."

"इतना डर मुझसे? और सपना भी मुझसे ही शादी का?" अभि झेंपकर रह गया; लेकिन यह कहकर श्रुति बेतहाशा हंसने लगी। अभि समझ नहीं सका रोये या हंसे। अजीब है श्रुति का स्वभाव; एक पल शोला तो एक पल शबनम। पल में तोला, पल में माशा।

अभि श्रुति के सुबह के व्यवहार से हैरान था ही अब शाम को व्यवहार में आये बदलाव से भी हैरान है। वह समझ नहीं पा रहा था कि उसके सुबह के व्यवहार को सही माने या अभी के। इसलिये वह सतर्क और खामोश ही रहा। असल में कुछ बोलने से बच रहा था।

अभी वे शहर के बीच की मुख्य सड़क से होकर गुज़र रहे थे। सड़क की दोनों तरफ गाड़ियों का रेला है। आसपास से कितनी ही गाड़ियाँ गुज़र रही है। कोई खामोश तो कोई हॉर्न बजाते हुए। सब ऑफिस से छूटे हैं। सब को घर पहुंचने की जल्दी है। लेकिन इनके बीच वह गाड़ी नहीं है जिसे श्रुति की नजरें बेताबी से तलाश करती रही थी। श्रुति जानती है कि अब उसे उस सिल्वर कलर की मर्सिडीज का इंतज़ार नहीं करना चाहिए।

अभि की नज़र सड़क पर है। पास से गुज़रती गाड़ियों का शोर उसके हेलमेट में छिपे हुए कानों तक पहुंच रहा है। एक शोर उसके अंदर भी है। वह श्रुति के व्यवहार को समझना चाहता है। वह श्रुति के व्यवहार में आये बदलाव के पीछे एक ठोस तर्क ढूंढना चाहता है। अच्छा ही हुआ कि श्रुति ने खुद ही मेरा प्रपोज़ल ठुकरा दिया वरना उसके ऐसे मिजाज के साथ निबाहना तो मुश्किल ही था... लेकिन वह नहीं

जानता कि उसी की तरह एक शोर श्रुति के अंदर भी उठ रहा है। वह भी सोच रही है कुछ। क्या चल रहा होगा श्रुति के मन में? मुझे क्या करना है?

"अभी तक नाराज़ है?" उसे खामोश देख श्रुति ने कहा, "हम लोग फ्रेंड्स हैं यार। फ्रेंड्स में थोड़ा बहुत तो चलता है। अब भूल जा न..."

"हूँ..." कहकर अभि खामोश ही रहा। श्रुति जानती थी अभि को। दोनों कभी अच्छे दोस्त रहे हैं। तब तो उसकी बातें खत्म ही नहीं होती थीं। कितने सपने कितने अरमानों के बारे में लगातार बात किया करते थे दोनों। वह भी श्रुति की तरह ही स्वप्नदर्शी ही था। दोनों अपने सपने और अरमान एक दूसरे से शेयर करते रहे हैं। शायद इसी समानता और घनिष्ठता के कारण ही तो उसने प्रपोज़ कर दिया था। तो क्या हुआ ऐसा कोई अनहोनी बात तो नहीं की। 'और इस बात में बुराई ही क्या है?' श्रुति ने दिल में कहा, 'जब दिल मिलते हैं तो लोग प्रपोज़ करते ही हैं।'

"अच्छा हम तो अच्छे दोस्त थे। फिर क्या सोचकर तूने प्रपोज़ किया था मुझे। तुझे मालूम था न मेरे सपने बड़े बड़े हैं..." श्रुति ने मानो उसे समझाते हुए कहा।

"अच्छा? और हमारे तो कोई सपने ही नहीं होते हैं जैसे।" अभि ने शिकायती लहज़े में कहा।

"अच्छा? तेरे क्या सपने थे?"

जवाब में अभि चुप रहा। थोड़ी देर बाद श्रुति ने उसे कोचका-

"बता न..."

अभि चुप ही रहा मानो जवाब देना ही नहीं चाहता हो। फिर बड़े धीर गम्भीर लहज़े में बोला, "असल में तेरे सपने मुझे इंस्पायर करते थे। मेरा एक ही सपना था- तेरे सब सपने पूरे करना..."

'इतना प्यार है मुझसे?' श्रुति ने पूछना चाहा। लेकिन गला जैसे सूख गया। होंठ जैसे सिल गये। उसने बाइक पर पीछे बैठे-बैठे ही पहले हल्के से अपने होंठ फिर अपना सिर उसके कांधे से सटा दिया।

दोनों के बीच मौन व्याप्त हो गया। भावनाएँ सोते से जाग उठी। बाइक लगातार दौड़ती रही। आगे पीछे, दायें बायें से गाड़ियों का रेला गुज़रता रहा। किसी को खबर नहीं कि इस रेले के बीच भावनाओं का भी एक रेला चल रहा है।

"चल अब माफ कर दे न यार," श्रुति ने उसे कसके पकड़ते हुए कहा, "सॉरी बोल रही हूँ..."

"और मैंने जो सबके सामने सॉरी कहा...?"

"तो क्या? इतने नखरे तो उठाने ही पड़ेंगे?" चहककर बोली और एकदम से चुप हो गई जैसे कोई बात ज़बान तक आते आते रह गई हो। थोड़ी देर चुप रहकर बोली,

"मुझे इंसल्ट से बचाने के लिये तूने सॉरी कहा न?" उसकी आवाज़ भर्रा गई जिसे अभि ने साफ-साफ महसूस किया।

"तेरे चक्कर में आज मेरी जॉब चली जाती..." अभि ने इतना ही कहा। अभि की आवाज़ में एक दर्द श्रुति ने भी साफ महसूस किया। 'अच्छा? और मैं जाने देती?' कहना चाहा उसने; लेकिन अपनी ही बात पर भरोसे की कमी के कारण कह न सकी।

"चल कॉफी पीते हैं।" अपनी गलती पर शर्मिंदा होते हुए उसने प्रस्ताव रखा।

दोनों बैठे कॉफी पी रहे थे। श्रुति लगातार बात कर रही थी लेकिन अभि की नज़र सड़क से गुज़रती हुई किस्म किस्म की कारों पर लगी थी। यह देख श्रुति ने टेबल पर लापरवाही से पड़े अभि के एक हाथ को हौले से थामते हुए कहा-

"क्या देख रहा है यार? देखना हमारे पास भी एक दिन अपनी कार, अपना घर, सब कुछ होगा।"

अभि ने सड़क से नज़र हटा, सीधे उसकी आँखों में देखा जैसे उसकी बातों में विश्वास की झलक देखना चाहता हो। उसकी पनीली आँखों में भी अभि को सड़क से गुज़रती गाड़ियों का ही प्रतिबिम्ब नज़र आया।

"हे! मेरे पास एक बेहतर आइडिया है। हम दोनों मिलकर तो अभी भी एक कार ले सकते हैं?" श्रुति ने उत्साह से कहा।

"और उसे शेयर कैसे करेंगे?" अभि ने अविश्वास के साथ पूछा।

"क्यों?" श्रुति ने बेहद शरारती अंदाज़ में अभि की ओर देखते हुए पूछा, "...इसमें क्या प्रॉब्लम है? हसबैंड वाईफ एक कार शेयर नहीं कर सकते?"

अभि इतनी ज़ोर से चौंका कि सारी कॉफी उसके होंठों को जलाती हुई, उसके सफेद शर्ट पर गिर गई।

7

मुहर्रम का

आज भी मुहर्रम के शेर की बातें लोग याद करते हैं तो सगीर अली को ही याद करते हैं। सगीर अली दरअसल सगीर नहीं थे। वे अपने नाम के बरअक्स कबीर थे। अल्लाह तआला ने उन्हें खूब वसीअ कद-काठी इनायत फरमाई थी। पहाड़ जैसा ऊंचा कद। दरखत की शाखों जैसी मज़बूत कड़ियल बाहें, और तने जैसे पैर। अल्लाह तआला ने रंगत भी खूब फराख दिली से अता की थी। काला रंग खूब दिल खोल कर उडेल रखा था उन पर। और आँखों को भी लाल रंग दे रखा था। मुआफ कीजिएगा आँखों की रंगत तो अल्लाह की देन नहीं थी बल्कि यह खुद उनकी कमाई थी। आँखों की लाल रंगत उनके नशे की आदत से पड़ गई थी।

अल्लाह तआला ने तो सूर: तीन में फरमा ही दिया है कि, 'इंसान की रचना मैंने उसके बेहतरीन रूप में की है, हाँ, फिर उसे विकृत से विकृत करता गया सिवाय उनके जो ईमान रखते हैं और नेक काम करते हैं।' तो हज़रात मैंने इन आयतों का ज़िक्र इस लिये किया कि आप सगीर अली के हालात के लिए अल्लाह तआला को इल्ज़ाम न देने लगें। क्योंकि ईमान और नेकी, इन दो चीजों से सगीर अली का वास्ता बहुत कम था। क्योंकि तालीम तर्बियत से भी उनका वास्ता दूर दराज़ का ही रहा। वैसे भी अल्लाह तआला ने हर चीज़ तो उन्हें खूब दी, लेकिन उसकी भरपाई अक्ल से कर दी। यानि इतने बड़े सिर में अक्ल रखते वक्त ज़रा तंग दस्ती से काम लिया। नतीजतन बचपन में स्कूल में उनके दोस्त अपनी धाक जमाने में उनकी डील-डौल का फायदा उठाते रहे और अगुवाई का खामियाजा भुगतते रहे सगीर अली। उनकी कद-काठी के अलावा उन पर इल्ज़ाम लगाना और सज़ा देना

टीचरों के लिये आसान बनाने में उनकी गुरबत का भी बड़ा हाथ होता था। नतीजा साफ था; स्कूल से सगीर अली का रिश्ता बहुत दूर तक नहीं चल सका। अच्छा ! मदरसे से भी उनकी ज़्यादा नहीं निभी। बात यों थी, कि ग़रीब मुसलमानों की बस्ती के मदरसे का ये हाल था कि वहां मौलवी साहब जो कुछ पढ़ाते वह अरबी में पढ़ाते, और अरबी सगीर को आती नहीं थी; नतीजा यह कि मौलवी साहब का पढ़ाया सगीर अली को समझ नहीं आता। और सगीर अली को पक्का यकीन था कि जो कुछ मौलवी साहब उसे पढ़ाते हैं, वह मौलवी साहब को भी समझ नहीं आता। क्योंकि सगीर अली सवाल पर सवाल करते और मौलवी साहब इसे गुस्ताखी करार देते। लेकिन बेचारे मौलवी साहब, स्कूल के टीचरों से बहुत ज़्यादा शरीफ निकले और उन्हें घर पहुंचाकर हाथ जोड़ लिये। उन्होंने सगीर अली के वालदैन से कहा, "अगर मैं इस पर मेहनत करता हूँ तो मदरसे के बाकी बच्चे मदरसा छोड़ देंगे।"

इस तरह सगीर अली की तालीम का सिलसिला टूटा और ज़िंदगी की राहों का सफर शुरू हुआ। अपने पैरों पर खड़े होने की जद्दोजहद में सबसे पहले वे एक किराना दुकान में काम करते रहे। लेकिन यहां दुकान की झाड़ पोंछ और सामान इधर से उधर उठाकर रखने से आगे नहीं बढ़ पा रहे थे। क्योंकि मारवाड़ी सेठ को यह शक था कि मुसलमान लड़का है, सामान तोलेगा तो ग्राहक की तरफ ही डंडी झुकायेगा। मेरी तो दुकान ही लुटा देगा। यह जो काम कर रहा है, उसी काम के लिये ठीक है। वैसे इस बात से सगीर को तो कोई फर्क नहीं पड़ता लेकिन जब उसने देखा उसके बाद आने वाला लड़का भी तरक्की कर गया तो सगीर का माथा ठनका। अच्छा तो ये सेठ मेरे साथ नाइंसाफी करने पर उतारू है? सगीर को बड़ी कोफ्त हुई। और एक दिन उसने दुकान जाने के बजाय देर तक सोते रहना बेहतर समझा। सेठ ने बुला भेजा तो कह दिया दोपहर में आऊंगा मेरा हिसाब-किताब तैयार रखना।

इसके बाद उसने किराना दुकान की नौकरी से मुंह फेर लिया और एक कपड़े की दुकान में मुलाज़िम हो गया। लेकिन वह अपने काले रंग की वजह से साफ सफाई के काम से आगे नहीं बढ़ सका क्योंकि यहां दुकान मालिक की नज़र में, ग्राहकों को माल दिखाने के लिये ज़रा ढंग के लोगों की ज़रूरत होती है; जो खूब रू न सही इतने डरावने भी न हों। सगीर को यह काम सौंपने से ग्राहकी टूटने का डर था। सो, सगीर को यह काम भी रास न आया। फिर उसने जूते की दुकान पर नौकरी कर ली। लेकिन यहां भी आगे नहीं बढ़ सका। फिर एक होटल में काम पकड़ा, यहाँ वह झूठे बरतन धो कर खुश था क्योंकि यहाँ ज़रा खाने पीने की मौज थी। भले मालिक की नज़र से बचने की बात थी; तो यह कौन सा मुश्किल काम था? बीड़ी पीने और तम्बाकू खाने के हुनर भी यहीं से सीखे। यहाँ सगीर अली अपनी जवानी

की दहलीज पर पहला कदम ही रखने जा रहे थे, कि किसी ने कहा, "इस तरह के कामों से ज़िंदगी तो पार नहीं लगेगी। मियां कोई हुनर सीख लो तो काम आये। ज़माना मशीनों का है; कोई मैकेनिक का काम क्यों नहीं सीख लेते?"

बात सगीर अली को जम गई। एक स्कूटर मैकेनिक के यहाँ काम सीखने लगे। काम समझ आने लगा। कभी-कभी मालिक की गैर हाजिरी में काम आ जाता तो ऊपरी कमाई भी हो जाती। एक दिन किसी ग्राहक ने दुकान मालिक की गैर मौजूदगी में, उनकी गैर मामूली ताकत और कद काठी से मुतास्सिर होकर उन्हें अपने गैरेज में ट्रक के इंजन का काम सीखने का ऑफर दिया और वे चले गये ट्रक का काम सीखने। लेकिन मालिक को तो उनके दमखम और ताकत की ज़रूरत थी। वह सारा सारा दिन उनसे कमानी पट्टों पर हैमर चलवाता और दूसरे भारी भरकम काम करवाता। मैकेनिक का काम सीखने वालों की रवायत पर अमल करते हुए सगीर अली बिना चूं चरा, अपने उस्ताद का हर हुक्म मानते। ट्रक ड्राइवरों के लिये डोडे उबालने का काम भी उनके ही सिपुर्द था। फिर ड्राइवरों की मेहरबानियों के चलते डोडे पीना और शराब पीना भी सीख गये। लेकिन साल डेढ़ साल की मशक्कत के बाद उन्हें समझ आ गया कि मालिक उन्हें काम सिखाने की बजाय काम नहीं सीखने देने पर आमादा है। मालिक सोचता था अगर वह काम सीखकर मिस्त्री बन गया तो हैमर चलाने और इंजन उतारने जैसे मेहनत के कामों के लिए इतना तगड़ा आदमी कहाँ से मिलेगा? अब अंजाम से तो आप बखूबी वाकिफ हो गये होंगे।

बेचारे सगीर अली ! इसके बाद उन्होंने सड़क किनारे साईकिल के पंचर बनाने का काम शुरू किया।

कहते हैं; जवां मर्द के लिये तो चालीस हुनर भी नाकाफी हैं। सगीर अली ने अपनी जवानी में इससे कुछ कम हुनर तो नहीं सीखे होंगे। लेकिन घर गिरस्ती की गाड़ी चलाने उन्हें रिक्शा चलाना पड़ा। आखिर यह काम उन्हें रास आ गया। अब कोई उन पर अपनी मरज़ी नहीं थोप सकता था। जब तक मरज़ी काम करो। ग्राहक खुद चलकर आते। मरज़ी हो तो सवारी उठाओ वरना दारू पीकर या डोडे पीकर, रिक्शा स्टैंड में अपने रिक्शे की पिछली सीट पर पड़े रहो।

नमाज़ रोज़े से तो कुछ काम न था; अलबता किसी मज़ार के सामने से गुज़रते हुए सलाम के लिये हाथ ज़रूर उठ जाते। हाँ, मुहर्रम के जुलूस और ताजिये में उनकी खास अकीदत थी। मुहर्रम के शेर में उनकी तो खासमखास दिलचस्पी थी। शराब और डोडे का नशा उन्हें मुहर्रम के ढोल की आवाज़ के साथ झूमने पर मजबूर कर देता। यह देख लोगों को लगने लगा कि सगीर अली के ऊपर भी मुहर्रम के शेर

आने लगा है। बस बस्ती में बात फैल गई और सगीर अली भी मुहर्रम में रंगे जाने लगे।

एक तो लम्बा चौड़ा जिस्म, उस पर नशे के असर से लाल आंखें। जब मुहर्रम का बाजा बजता और सगीर अली झूम झूमकर शेर के भेस में नाचते तो खौफ के मारे लोगों के होश उड़ जाते। पांच पांच ताकतवर लोग उन्हें जंजीरों में जकड़ कर सम्हालते फिर भी न सम्हलते। वे झूमकर जिस सिम्त एक कदम बढ़ाते, लोग आठ-आठ कदम पीछे को भाग जाते। क्या हिंदू, क्या मुस्लिम, दूर दूर की बस्तियों से लोग इस मुहर्रम के शेर को देखने आने लगे। मन्नतें होने लगीं। चढ़ावे आने लगे। सगीर अली की पौ बारह हो गई। कहा है न, अल्लाह मेहरबान तो गधा पहलवान। सगीर अली की शोहरत ऐसी फैली, कि बड़े बड़े कारी, हाफिज़ भी साल में एक बार, रमज़ान के एक महिने में तरावीह पढ़ा कर जो हासिल नहीं कर पाते, सरकारी या ग़ैर सरकारी कंपनियों के मुलाज़िम सालाना बोनस नहीं हासिल कर पाते, सगीर अली मुहर्रम के एक दिन में कमा लेते। शोहरत बढ़ने लगी तो किस्से भी बढ़ने लगे और जिस तरह गरीब मज़लूम और बेबस लोगों की आस धर्म और करिश्मात से ही होती है और अपनी उम्मीदों को ज़िंदा रखने के लिये वे नए नए करिश्मा करने वालों की खोज में लगे रहते हैं; लोगों को इनमें भी किसी न किसी बुज़ुर्ग, वली औलिया का साया नज़र आने लगा। जब लोग परेशानियों से आजिज़ आ जाते या किसी मर्ज़ के इलाज से या कि किसी बच्चे के रोने या ज़िद करने से परेशान हो जाते तो इनके पास झाड़ फूंक की उम्मीद से चले आते। सगीर अली को यह कहते तो शर्म आती कि उनके लिये तो अलिफ का नाम अल्लाह भर है। इसके आगे उन्हें कुछ पता नहीं। इस शर्म से बचने के लिये वे दस बीस मर्तबा अल्लाह का नाम बुदबुदा देते या और कुछ जी में आता तो बोल कर फूंक मार देते और लोग महसूस करते कि उनकी तकलीफें दूर हो गई। यह काम वे अपने दिल पर पत्थर रखकर और महज़ लोगों की तसल्ली के लिये ही करते और इसीलिए किसी से कुछ भी नहीं लेते। इस वजह से भी उनकी शोहरत बढ़ती गई।

लेकिन यह शोहरत उनके शौक पर भारी पड़ने लगी। शोहरत और कामयाबी, अपने साथ कई डर लेकर आती है। अब वे खुले आम तो क्या छुप-छुप कर भी शराब नहीं पी सकते थे। क्योंकि आप भले कितने ही ताकतवर हों, वे लोग जो आप पर भरोसा करते हैं; भले झूठा ही सही आप उनका भरोसा नहीं तोड़ सकते। इसी तरह कई बरस बीत गये। अब सगीर अली को लगने लगा कि ज़िंदगी एक ढर्रे पर आ गई है और हमेशा यों ही चलती रहेगी। लेकिन ऐसा कभी होता है? ज़िंदगी तो नए नए रंग बदलती है।

तो जब सगीर अली की ज़िंदगी एक ढर्रे पर चल निकली और उन्हें लगा कि अब मौत तक ज़िंदगी यूँ ही चलती रहेगी; उनकी बस्ती में कुछ नई बातें सुनने में आने लगीं।

हुआ कुछ यों था, कि महंगाई बढ़ने के साथ, मुहल्ले की मस्जिद के चंदे में कमी आने लगी। यहाँ तक कि, एक मजदूर की तनख्वाह से भी कम तनख्वाह पर अपनी खिदमात देने वाले इमाम साहब और मुअज़्ज़िन की तनख्वाह के भी लाले पड़ने लगे और वे दोनों हज़रात अपनी तनख्वाह बढ़वाने पर आमादा होने लगे तो मस्जिद कमेटी ने उनकी छुट्टी कर दी और बाहर से बिल्कुल नए नए हाफिज़ बने एक नौजवान को इमाम बनाकर बुला लिया गया।

अपनी पहली इमामत पर आये बिल्कुल ही नौजवान इमाम साहब, आते ही बस्ती के नौजवानों में घुल मिल गए। सिर्फ नौजवान ही क्यों, वे बस्ती में रास्ता चालते हर किसी से मिलते, हाल चाल पूछते चलते। उनके इस मिलनसार मिजाज़ का हर कोई मुरीद था। नौजवानों की तो बात ही मत पूछो। मस्जिद में नौजवान नमाज़ियों की तादाद में इज़ाफा होने लगा। बस्ती का माहौल बदलने लगा। नई नई बातें सुनने में आने लगीं। नए इमाम तो नई तरह की बातें कहने लगे; जैसे मज़ारों पर मत जाओ। गये भी तो वहां सर मत झुकाओ। कुछ मांगो मत। यह शिर्क है। खाने के बर्तन पर फातिहा मत पढ़ो। शादियों में फिज़ूलखर्ची मत करो। ढोल बाजे मत बजाओ वगैरह वगैरह। शुरू शुरू में तो बहुत से लोग नाराज़ हुए। हम शादी में ख़ुशियाँ नहीं निकालेंगे तो कब निकालेंगे; जैसी बातें उठी। मज़ारों पर जाने की मनाही पर भी लोगों में इख्तेलाफ हुए। लेकिन नौजवानों को ये नई बातें मुतास्सिर करने लगी और खास तौर पर पढ़े लिखे नौजवान तो खुल कर इमाम साहब के हामी हो गये। बाजे गाजे क्या, शादी में दुल्हे सेहरा पहनने से भी इनकार करने लगे। अब इमाम साहब पर उंगलियाँ उठनी ही थी, उठने लगीं। सुन्नी और वहाबी का मसला उठ खड़ा हुआ। मस्जिद में और बस्ती में भी दो गुट हो गये।

मुहर्रम आए तो इमाम साहब ने फिर कहा कि ताजिये नहीं निकालना चाहिये। जुलूस नहीं निकालना चाहिये। यह बिदअत है। इस पर खूब हंगामा हुआ। लेकिन सगीर अली को समझ ही नहीं आता था, कि ताजिया निकालने पर भी इख्तिलाफ हो सकता है। इसमें गुनाह क्या हो सकता है?

मुहर्रम का महीना आते ही, ताजिये और जुलूस की तैयारियाँ शुरू हो गईं। ताजिये बनने लगे। अखाड़ों की तैयारियाँ, लंगर के इंतज़ाम जोर से शुरू हुए। ढोल ताशे बजने लगे। शेर रंगने लगे। दूसरी तरफ मुखालिफत की भी तैयारियाँ थीं।

जब सगीर अली शेर बनकर अपनी लय में झूमते झामते चलने लगे और एक लम्बा चौड़ा हुजूम उनके साथ साथ चलने लगा। लाल आंखें, पीला जिस्म और शेर की सी काली धारियाँ। बदन लोहे की मोटी मोटी जंजीरों में जकड़ा हुआ और पांच लोग इन जंजीरों को मज़बूती से थामे शेर को काबू में रखने की कोशिश करते चल रहे थे कि यकायक शेर इतनी बुरी तरह उछला कि उसे जंजीरों से थामे हुए लोग भी गिर पड़े और तमाशबीन घबराकर इधर उधर भागे। शेर बेचारा अपनी जांघ सहलाते हुए, लाल लाल आँखों से हुजूम को घूरने लगा। सगीर अली को नाचते नाचते अचानक लगा जैसे किसी ने सुई चुभा दी हो। थोड़ी देर में फिर शेर अपनी लय में नाचने लगा और एक बार फिर बुरी तरह बिदका। अब तो और सुईयाँ चुभने लगीं। आखिर शेर ने नाचना छोड़ बुरी बुरी गालियां बकना शुरू कर दिया। यह देख लोग हँसने लगे। शेर का तमाशा बन गया। लोग चिल्ला चिल्लाकर शेर की हँसी उड़ाने लगे। अब कई लोग शेर को चिमटी काट कर भागते तो कोई सुई चुभा कर। शेर बेचारा कभी इस पर झपटता कभी उस पर। आखिर रंगा हुआ शेर बुरी तरह झुंझलाया मजमा छोड़ अपने घर की तरफ चल दिया। उसके ज़बान पर गलियाँ थीं और हाथ में किसी के कपड़े का एक टुकड़ा आ गया था; शायद सुई चुभाने वाले में से किसी का होगा। जिसके भी कपड़े का टुकड़ा है, वह मिल तो जाये, उसे देख लूंगा...

दूसरे दिन सगीर अली के घर से उनकी अहलिया के दिन भर गुस्से से फुफकारने की आवाजें आती रही; लेकिन दिनभर किसी ने सगीर आली की आवाज़ नहीं सुनी। न किसी ने तीन चार दिन तक मुहर्रम के शेर सगीर अली का चेहरा देखा। चौथे दिन सगीर अली का रिक्शा नज़र आया। सगीर अली सिर झुकाये चुपचाप रिक्शा चलाते निकल गये। न इधर देखा न उधर। मुहर्रम के शेर की यह हालत देख बहुत से लोगों का दिल भर आया। लेकिन दिलासा देने की किसी में हिम्मत न हुई।

इसके बाद बहुत कुछ बदला। बस्ती में भी और सगीर अली की ज़िंदगी में भी। मस्जिद कमेटी ने नए इमाम को बर्खास्त कर दिया। मस्जिद के सामने एक बोर्ड लग गया- 'यह मस्जिद अहले सुन्नत वल जमाअत की है। यहां वहाबी, शिया और दूसरे मस्लक के लोगों को दाखिले की मनाही है।'

नौजवान इमाम और उनके पैरोकारों ने अलग एक झोपड़े में नमाज़ शुरू कर दी। बस्ती के मुसलमान सुन्नी और वहाबियों में बंट गये।

लेकिन इन सब बदलावों का सगीर अली पर जैसे कोई असर नहीं हुआ। वे हर रोज़ सुबह घर से रिक्शा निकलते और बिना किसी की तरफ देखे सर झुकाये चले

जाते और उसी तरह रात देर गये चुप चाप वापस आकर रिक्शा खड़े कर देते। उस हादसे के बाद से लोगों को यह समझ में आ गया कि सगीर अली के अंदर कोई करामती ताकत नहीं है और इसी लिये भी और कुछ उनके रवैये में बदलाव की वजह से डर कर भी, लोगों ने झाड़ फूंक के लिये आना बंद कर दिया। कभी कोई आया भी तो सगीर अली घर पर नहीं मिले।

मुहर्रम फिर आया लेकिन अब वो रौनक नहीं रही। सगीर अली ने अब शेर बनने से इनकार कर दिया। मुहर्रम कमेटी वालों ने बहुत समझाया, बहुत आजिज़ी की लेकिन वे टस से मस नहीं हुए। किसी ने पूछा, "क्या बेटे के बराबर तुम भी वहाबी हो गये हो सगीर अली?"

सगीर अली ने सुर्ख आँखों से पूछने वाले की तरफ देखा और कोई जवाब नहीं दिया। कितने मुहर्रम आये चले गये। लोग बाग सगीर अली का शेर बनना याद कर आहें भरते रहे। उम्र के साथ सगीर अली में बदलाव आते गये। सगीर अली ने सुबह फज़्र की और रात को ईशा की नमाज़ के लिये मस्जिद जाना शुरू किया। फिर सगीर अली का बेटा पढ़ लिख कर बाहर मुलाज़मत पर बाहर चला गया और सगीर अली को रिक्शा चलाने की मनाही कर गया। अब सगीर अली को और कोई काम नहीं रह गया। पंजगाना नमाज़ी हो गये। बिला नागा वे पाँचों वक़्त मुअज़्ज़िन की सदा के साथ ही घर से निकल पड़ते। फर्ज़ के अलावा सुन्नत और नफ्ल वगैरह भी पूरी पढ़कर ही मस्जिद से निकलते। कभी कभी सारे नमाज़ी चले जाते और वे खामोश अपने खयालों में गुम जानमाज़ पर बैठे रह जाते।

उनके बाल सफेद होने लगे और दाढ़ी भी लम्बी और सफेद हो चली थी। चेहरे का रंग भी अब पहले जैसा पक्का नहीं रहा था। हमेशा नीचे देखकर चलते हुए लगता कि उनकी पीठ भी थोड़ी झुक गई है। इसलिये अब वे इतने खतरनाक नहीं लगते। रास्ते भर लोग एहतरामन सलाम करते और वे बगैर किसी की तरफ आंख उठाये, बिल्कुल साफ आवाज़ में हर किसी के सलाम का जवाब देते चलते। लोग कहते, 'वली सिफत आदमी है।'

एक दिन फज़्र की नमाज़ से वापस आते हुए वे गिर कर बेहोश हो गए। लोगों ने दौड़कर उन्हें उठाया और घर में बिस्तर पर लिटाया। इसके बाद उन्होंने बिस्तर पकड़ लिया। खबर सुनकर बेटा भागा भागा आया और बाप को साथ ले जाने का इंतज़ाम करने लगा। उन्होंने बेटे को मना कर दिया और उसे सीने से लगाकर रोने लगे। फिर तकिये के नीचे से कपड़े का एक टुकड़ा निकालकर बेटे के हाथ में थमा दिया। बेटा यह देखकर भौंचक रह गया; यह तो उसी कुर्ते की आस्तीन का टुकड़ा है जो मुहर्रम के उस मनहूस हादसे वाली रात उसने पहना था और भीड़ में पता नहीं

कैसे उसकी आस्तीन फट गई और उसकी अम्मी ने आसमान सिर पर उठा लिया था कि बाप देखो तो खाली हाथ लौट आये और बेटा अभी सिर्फ एक साल पुराने कुर्ते की आस्तीन नुचवा आया है।

थोड़ी ही देर में बात उसकी समझ में आ गई। वह रोने लगा।

"अब्बा जी, मैंने हमेशा आपका एहतेराम किया है। आप मेरे बाप हैं। मैं भीड़ में सिर्फ तमाशबीन था। अब्बा जी मैं कभी आपकी शान में गुस्ताखी नहीं कर सकता। आप इतने साल इस आग को अपने सीने में दबाये रहे। इससे तो बेहतर था आप मुझे मारते। मुझे सज़ा देते कम से कम गलतफहमी की इस आग में तो न जलते..."

सुनकर सगीर अली को लगा जैसे बरसों का बोझ उनके सिर से उतर गया। एक गहरा सुकून और इत्मीनान, उनके चेहरे पर छा गया। जिससे उनका चेहरा खिल उठा। उन्होंने गहरे सुकून के साथ आंखें मूंद ली। लोग इंतज़ार करते रहे लेकिन सगीर अली मुहर्रम के शेर ने आंखें नहीं खोली। कभी नहीं। इन्ना लिल्लाहे व इन्ना इलैहे राजेऊन.... हम अल्लाह के हैं, और उसी की तरफ लौट जाने वाले हैं...

मुहर्रम के शेर की मैयत में सारी बस्ती ही उमड़ पड़ी। कंधा देने वालों में होड़ लगी थी। सुन्नी, वहाबी सब ने एक साथ जनाज़े की नमाज़ में शिरकत की। सफ पर सफ बनती गई और कई जमातों में नमाज़ हुई। कितनी सफें बनी, कितनी बार नमाज़ हुई पता नहीं। इस मैयत के चर्चे बरसों लोगों की ज़बान पर रहे। जिसने भी उनके आखिरी दीदार किए थे यही कहा, "क्या चेहरा निखरा था मैयत का? चेहरे पर कितना नूर था। जन्नती थे। वली सिफत आदमी थे..."

8

मुफ्त में कुछ नहीं मिलता

उसने एक बार नज़र उठाकर आसमान की तरफ देखा। दूर उमड़ते घुमड़ते बादलों को देख वह ज़्यादा उदास हो गया। ये बादल जैसे उसके मन का प्रतिबिंब थे। आज उसका मन भी इसी तरह बार-बार, रह रहकर अपना रूप रंग बदल रहा था। क्या होने वाला है उसे पता नहीं। कल क्या होगा? वह सोचकर बेचैन हो उठता है। कल शायद लोग कहेंगे बुज़दिल था। कोई कहेगा बेचारा...

लेकिन लोग कुछ भी कहें, मुझे क्या फर्क पड़ना है।

इस बात से उसे बहुत तसल्ली मिली कि मुझे क्या फर्क पड़ना है।

अंकिता क्या कहेगी? अचानक उसे खयाल हो आया। वह क्या कहेगी? उसे तो मुक्ति ही मिल जायेगी। असली फर्क तो पड़ेगा मां को। पापा का पता नहीं। उनके मन में क्या है यह समझ पाना बड़ा मुश्किल है। उनका दिल जो शायद किसी पत्थर के किले में कैद है; जिस तक कभी पहुंचना, जिसकी आवाज़ सुनना अभिनव के लिये बहुत मुश्किल है। उनकी आंखों के गिर्द उभर आई झुर्रियां कभी उसे बड़ी हसरत और उम्मीद से देखती हैं तो कभी लगता है ये किसी खूंखार आदमखोर शेर की आंखें है।

पापा मैं आपको कभी समझ नहीं सका...

ऊंह! अब इन बातों को मत सोच अभिनव। इन बातों को मत सोच। ये बातें तेरे हौसले को कमज़ोर कर देंगी। वह मन को समझाता है।

बहुत हो गया। और नहीं...

दिनभर भटकने के बाद आखिरकार इरादा मजबूत कर वह इस जगह आ बैठा था। इस जगह क्यों? इस काम के लिये उसने यही जगह क्यों चुनी? क्योंकि यह उसकी मनपसंद जगहों में से एक थी। वह अक्सर कॉलेज के दिनों में दोस्तों यारों के साथ घंटों यहाँ टाइम पास करता। यह इंजीनियरिंग कॉलेज के सभी स्टूडेंट्स की मनपसंद जगह थी। वे जब यहाँ जुटते तो दिनभर धमाचौकड़ी मचाते। इसी पुल के नीचे बहती नदी के साथ सेल्फी लेते। एक दूसरे की टांग खिंचाई करते। लड़ते झगड़ते और अपने फैकल्टीज़ पर भी कमेंट पास करते। गरमागरम बहस करते। और वे कभी किसी एक मुद्दे पर बहस नहीं करते। उनके मुद्दे कभी उनके कोर्स से जुड़े होते तो कभी फैशन से। कभी फिल्मों पर बहस होती तो कभी सामाजिक मुद्दों पर। कभी राजनीति तो कभी अर्थव्यवस्था पर। हाँ, उनकी हर बहस अंततः सुनहरे भविष्य की कल्पनाओं पर ही खत्म होती।

वे भी क्या दिन थे? सुनहरे दिन!

कितनी जल्दी बीत गये? कहाँ गये वे दिन? तब तो ऐसा लगता था जैसे वे दिन कभी खतम नहीं होंगे।

आज भी उसके सामने सड़क के दूसरी ओर एक लड़का और एक लड़की पुल की रेलिंग से सटे खड़े गप्पें मार रहे हैं। वे रह रहकर इस ओर देख लेते हैं। उनके चेहरे से लगता है, वे मुझे कबाब में हड्डी समझ रहे हैं; लेकिन सच तो ये है कि वे ही मेरे लिये दिक्कत पैदा कर रहे हैं, जिस काम के लिये मैं यहाँ आया हूँ वह इनकी मौजूदगी में तो निर्विघ्न सम्पन्न होने से रहा। अभिनव सोचने लगा। ये भी ज़रूर हमारे इंजीनियरिंग कॉलेज के होंगे।

अचानक अभिनव के मन में एक जिज्ञासा ने सर उठाया। ये जो आज यहाँ बैठे आने वाले खूबसूरत दिनों के ख्वाब बुन रहे हैं, क्या इन्हें मालूम है कि ज़िंदगी की हकीकतें उनकी राह में ज़हरीले फन फैलाये बैठी है। वे सचमुच कुछ नहीं जानते; क्योंकि जीवन का संघर्ष अभी इनके सामने आया ही नहीं। अभी इनके जीवन में अनुभवों की कमी है।

तभी उसे अचानक लगा कि उसने कोई नई चीज़ खोज ली है। उसने जल्दी से अपने मोबाइल का नोट-पैड खोला और उसमें दर्ज किया-

'निजी अनुभवों का अभाव' शायद यही वह चीज़ है जो हमें आशावान और उर्जावान बनाये रखती है। लेकिन यह सोचकर वह उदास हो गया कि अब इस ज्ञान की खोज का उसके लिये कोई महत्व ही नहीं रह गया।

बहुत दिनों की बात तो है नहीं। यूं लगता है जैसे अभी अभी वह इंजीनियरिंग कालेज से पास आऊट हुआ है। कैम्पस सलेक्शन का ऑफर हाथ में लिये। तीन लाख का पैकेज। उसके कई दोस्तों का सलेक्शन तो हुआ ही नहीं और अधिकतर ने तो ऑफर ही ठुकरा दिया था। उनका कहना था कि बड़े शहर में जॉब करेंगे तो तीन लाख में गुज़ारा कैसे होगा? इतना तो वहाँ रूम किराये में ही खर्च हो जायेगा।

लेकिन डिग्री मिलते ही जैसे उसकी दुनिया ही बदल गई। इंजीनियर होने का अभिमान तो हवा ही हो गया। इतने धक्के तो कुली कबाड़ी का काम ढूंढने वालों को भी नहीं खाने पड़ते। डिग्री का नाम सुनते ही कंपनियों के चयनकर्ताओं की आँखों में शिकारी जैसी चमक उभर आती। उनके छुपे हुए, शिकारी जानवरों जैसे पैने दांत उभर आते। उन्हें पता है, आजकल इंजीनियरों का क्या भाव चल रहा है। वे मिनिमम में भी भाव-ताव करते। शर्तों पर शर्तें जोड़ते और यह विश्वास दिलाने की कोशिश करते कि उन्हें आपकी ज़रूरत नहीं बस आप पर रहम किया जा रहा है। गोया वे इंजीनियरों का गुरूर ही तोड़ना चाहते थे।

बहुत से दोस्त जो कैम्पस सलेक्शन में चुने गये थे, ज्वॉइन करके पछता रहे थे। जिस पैकेज पर उनकी ज्वॉईनिंग हुई थी वह सारी की सारी रकम तो उन बड़े शहरों में रूम-किराये में खर्च हो जाता। बाकी के खर्चों के लिये घर से पैसा मंगाना पड़ता। फिर क्या मतलब हुआ इतना पढ़ने लिखने का? उसने भी हरियाणा की एक ऑटोमोबाईल कम्पनी ज्वॉइन करने के बाद जब खर्च के लिये घर से पैसे माँगे तो पिता ने कहा, "अपने पैरों पर कब खड़े होगे?... हम तो सोचते थे तुम कुछ पैसे हमें भेजोगे।"

मां बाप सच कहते हैं। कौन मां बाप यह आस नहीं करते कि जिस बेटे को इतनी मुश्किलों से पढ़ा लिखा कर बड़ा किया वह एक दिन अपनी कमाई का एक हिस्सा उनके हाथ में रखकर यह जतायेगा कि अब आपको मेरी चिंता करने की ज़रूरत नहीं। अब तो मैं आप को भी सहारा दे सकता हूँ। ज़ाहिर है ये बातें शब्दों में नहीं कही जाती लेकिन हाथ पर अपनी कमाई रखकर जताई जाती है। और मां बाप भी तो इस दिन की आस में बरसों गुज़ार देते हैं कि एक दिन हम बेटे की ओर से निश्चिंत हो जायेंगे। और कौन से मां बाप सारी ज़िंदगी आपका बोझ उठाना चाहते हैं।

ठीक है पापा ने पैसा भेज दिया और साथ में सांत्वना भी दी कि "किसी बात की चिंता नहीं करना, अभी हम जिंदा हैं।"

क्या मतलब होता है इस बात का?

मतलब तो कई निकलते थे, अच्छे भी और बुरे भी। लेकिन उस रात अभिनव बहुत रोया था।

"कोई बात नहीं मेहनत करते रहो, ज़रूर तरक्की होगी। कोई एकदम से तो आसमान पर नहीं चढ़ जाता..." दूसरे दिन उसकी 'सॉरी' के जवाब में पिता ने कहा भी था। लेकिन उसे चैन कहाँ था।

हाँ, उसने मेहनत भी की, तरक्की भी पाई और शादी करके घर भी बसाया। लेकिन अभी वह बाप बनने ही वाला था, कि छटनी में उसकी जॉब चली गई। कारण, मंदी। मार्केट में माल नहीं उठ रहा है। इसका कारण वह जानता है। उसने बड़ी नज़दीक से कंपनियों की अपनी गलाकाट प्रतियोगिता को देखा और महसूस किया है। मार्केट पर कब्ज़ा जमाने के चक्कर में, लागत घटाने के लिये कम से कम समय में अधिक से अधिक उत्पादन...

वह अर्थशास्त्र का स्टुडेंट नहीं रहा फिर भी इतना तो जानता है कि कारखानों में अपने मालिकों के लिये दिन-रात खटने वाले ये करोड़ों लोग ही बाज़ार के उपभोक्ता भी हैं; न कि अकेला मालिक ही उपभोक्ता है। फिर कमाई का सारा पैसा मालिक के पास इकट्ठा हो जाये और जनता के पास खर्च के लिये पैसे का अभाव हो तो मंदी ही आयेगी न? फिर सरकार मदद भी उन्हीं मालिकों को करती है जो पहले से ही, कारखाने की सारी कमाई पर सांप की तरह कुंडली मार कर बैठे हैं।

෭෨

उसने दिल्ली आकर भी किस्मत आज़माई लेकिन वहाँ भी कोई काम नहीं मिला।

जमा पूंजी चूकने लगी तो एक प्लेसमेंट कम्पनी से कॉन्टेक्ट किया। प्लेसमेंट कम्पनी ने तीन महीने की सैलरी के एवज में उसे एक जगह सेक्योरिटी गार्ड की जॉब दिलवा दी। चलो, नहीं मामा से काना मामा बेहतर; उसने यह सोचकर सब्र कर लिया। लेकिन चौथे महीने उसकी जॉब चली गई। कम्पनी ने उससे कम सैलरी पर किसी और को रख लिया था। वह तो बाद में पता चला कि उस बंदे को भी उसी प्लेसमेंट कम्पनी ने ही भेजा था।

तीन महीने की बेगारी और दिल्ली जैसे शहर के खर्च के बाद उसकी सारी जमा पूंजी लगभग खत्म हो गई तो उसने घर वापसी की राह पकड़ना ही ठीक समझा।

लेकिन यहाँ भी उसके लिये कौन सी जॉब थी। बीवी प्रेग्नेट थी, लेकिन एक तसल्ली थी कि घर में हूँ... अपने घर में। लेकिन क्या सचमुच ऐसा ही था? क्या यह मेरा घर था? शादी के बाद बेटी पराई हो जाती है। बेटे भी पराये हो जाते हैं; यह बात अब तक किसी ने कही क्यों नहीं? उसे भी यह अहसास अभी अभी हुआ है। माँ गाहे ब गाहे अपनी बातों से अपनी बहू को यह अहसास कराने से नहीं चूकती कि

यह घर किसका है और किसकी मर्ज़ी के बिना यहाँ पत्ता भी नहीं हिलता।

अंकिता को भी अब अभिनव के पास आने का अवसर रात को ही मिलता है, जिसे वह रोने और शिकायत करने में गंवा देती है। अंकिता के लिये, प्रेग्नेसी अलग जान का जंजाल बन चुकी है। सारी खुशियाँ सारे अरमान जाने कहाँ गुम हो गये? रह गया है तो बस अंधेरा। अनिश्चित भविष्य का अंधेरा। अभी चंद माह पहले जब यह खुशखबरी उसने सुनाई थी तो क्या ही उत्साह का माहौल था। अभिनव कैसे उसके खाने-पीने का ध्यान रखता था। सास कैसे फोन कर-कर के खाने पीने के बारे में हिदायतें जारी करती रहती। फल खाया? केसर वाला दूध पिया? खाना पेट भर के खा रही है कि नहीं? क्या खाने का मन कर रहा है? क्या खाने को बिल्कुल जी नहीं चाहता?

बेटे को बार-बार हिदायतें। तू क्या कर रहा है? तुझे पता नहीं अभी इसकी क्या हालत है। उसे क्या खाने का मन करता है, लाकर देता क्यों नहीं? ऐसे में बच्चे की ग्रोथ कैसी होगी? कुछ गड़बड़ी हो गई तो? अंकिता को लगता, मेरी सास इतनी दूर से भी कितना ख्याल रखती है? कितनी प्रोग्रेसिव सास है? मैं कितनी लकी हूँ...? लेकिन यहाँ पहुंचते ही सारे ख्वाब-सुहाने, मिट्टी में मिल गये। हुंह दूर के ढोल सुहाने...

अब काहे का आराम और कैसे नाज़ उठाना? सास तो अब बेटे पर भी नज़र रखने लगी है कि कहीं बहू पर कुछ लुटा तो नहीं रहा? लुटाये कहाँ से? कमाये तब लुटायेगा न? अब तो एक एक चीज़ के लिये तरसना पड़ता है; बेचारी अंकिता...

इस कठिन समय ने उसे एक कड़वी हकीकत से रु-ब-रू करवा दिया था कि बेटा तब तक ही सर आंखों पर होता है जब तक वह कमाता है, वरना वह बोझ ही होता है। इस समय सब कुछ वह बर्दाश्त कर सकता था किंतु अपनी पत्नी के लिये अपने आने वाले बच्चे के लिये तो उसे कुछ न कुछ करना ही होगा। सो उसने एक लोकल फैक्टरी में सात हज़ार महीने की जॉब स्वीकार कर ली। यहाँ यह सुविधा तो थी कि घर का किराया नहीं लगेगा। लेकिन यहाँ की हकीकत उसे जल्द ही समझ आ गई। सात हज़ार के लिये बारह बारह घंटे और सोलह सोलह घंटे खटना और घर में भी सुकून नहीं। कभी भी घर में भी मोबाइल पर फोन आ जाता है काम काज से सम्बंधित। उसे अहसास हो गया कि सात हज़ार में वह एक इंजीनियर नहीं बल्कि एक गुलाम की जॉब कर रहा है। इससे तो अच्छे वे मजदूर थे जो आठ घंटे बाद आज़ाद हो जाते हैं और पैसा भी मुझसे ज़्यादा ही पाते हैं। क्या करे? कहीं मज़दूरी कर ले? अपनी पढ़ाई लिखाई को पुश्त में डाल दे? इतने बरसों की मेहनत, बाप की कुर्बानियाँ सब बेकार कर दूँ?...

किसी ने कहा और शायद ठीक ही कहा कि इससे ज़्यादा तो पकोड़े बेचकर कमा सकते हो। न किसी को जवाब देना न बात सुनना। बाकी का समय भी अपना। किसी कमबख़्ती की वजह से बात दिमाग में बैठ गई... लेकिन पानी में उतरे बिना गहराई का पता कहाँ चलता है।

जैसे ही किराये का ठेला लेकर और अपनी पेमेंट के पैसे से थोड़ा सा सामान लेकर पकौड़े का ठेला लगाते ही आफत पहुंच गई।

"किससे पूछ कर लगाया है?..."

'कमाल है, पकौड़े बेचने के लिये किससे पूछने की ज़रूरत है?' लेकिन ऐसा बोलना शायद बात को बढ़ाना हो जाता इसलिये इतना ही कहा, "किसी से नहीं..."

"देखो भाई, यहाँ दुकान नहीं लगा सकते। हम लोग ज़माने से यहाँ धंधा कर रहे हैं। मंदी ने हमारी ही हालत खराब कर रखी है। धंधा मंदा चल रहा है, ऐसे में हम एक और कॉम्पिटीटर को बर्दाश्त नहीं कर सकते..."

धंधा पहले दिन ही बंद हो गया। किसी ने एक समाजसेवी से बात करने के लिये कहा।

"बेफिक्र होकर ठेला लगाओ कोई कुछ नहीं बोल सकता। बस पांच लाख लगेंगे..."

"पांच लाख?" सुनते ही पांव तले की धरती खिसक गई।

"बिल्कुल सर, सात आठ लाख तो पान ठेले के लिये लगते हैं। बाकी आप देख लीजिये। इससे कम तो कहीं नहीं मिलेगा..."

उस दिन एक और नया सबक सीखा था।

"नहीं सर मैं तो आपसे मदद मांगने आया था..."

"हाँ, तो हम भी मदद करने तैयार हैं..."

"पर मेरे पास पैसे तो नहीं है..."

"देखो भाई मुफ्त में तो कुछ नहीं मिलता..."

यहाँ से निराश होने के बाद भी हिम्मत नहीं हारी। रास्ता तो अंकिता ने ही सुझाया था, "जब तक कहीं से ठीक-ठाक जॉब का इंतज़ाम नहीं हो जाता..."

"मम्मी पापा एतराज़ नहीं करेंगे?"

"क्यों करेंगे? कोई चोरी तो नहीं कर रहे, फिर कौन सा हमेशा यही काम करना है? जब तक कोई ढंग का जॉब नहीं मिल जाता..."

आखिर उसने थोक मंडी से सब्ज़ी उठाई और उसी ठेले पर फेरी लगाने लगा। चार पांच दिन तो ठीक चला फिर एक दिन किसी ने रोक कर पुछा, "कितने दिन से चल रहा है?"

"आज पाँचवां दिन है..."

"बताना चाहिये न?..."

अभिनव हैरान था। किसे बताना और क्या बताना...?

"चलो ठीक है, पांच दिन के ढाई सौ होते हैं..."

"किस बात के ढाई सौ?"

"कमाल है! धंधा करने के और किस बात के?"

"यह तो गलत बात है..." उसने प्रतिवाद किया।

"कोई गलत बात नहीं है भाई, इतना तो लगता ही है..."

"मैं तो नहीं दूंगा..."

"देख ले भाई, तेरी मर्ज़ी..." और वह शराफत से चला गया। अभिनव ने चैन की सांस ली।

अगले दिन निगम की गाड़ी ने उसका रास्ता रोका और लाईसेंस की मांग की। लाईसेंस, इस काम के लिये भी लाईसेंस? वह हैरान रह गया। लेकिन निगम वालों ने ठेला और सामान, सब की जब्ती बना ली।

अब क्या करे? कहाँ जाये? आज फिर वह सड़क पर आ गया था। ठेले का मालिक अब अपना ठेला और उसका किराया मांगता था। कहाँ जा कर मुंह छिपाया जाये...

आखिर ज़िंदगी से निराश, नाकाम वह पक्के इरादे के साथ यहाँ चला आया। कभी यह उसकी फेवरेट जगह थी और इससे अच्छी जगह और कौन सी हो सकती है, इस काम के लिये। सारी समस्या का हल बस एक छलांग दूर था। बस एक छलांग और... आने वाले बच्चे की अगवानी... बस एक छलांग और... अंकिता की शिकायतें... एक छलांग और माता पिता की उपेक्षा... एक छलांग और ठेले वाले का तगादा...

लेकिन उसके सामने एक जोड़ा जो खड़ा था, कॉलेज के लड़के और लड़की का वही रोड़ा बना हुआ था। आखिर क्या कर लेंगे ये लोग? उसने सोचा, 'ज्यादा से ज़्यादा शोर ही मचायेंगे न? तब तक तो सब कुछ...

वह पीछे झुका और भगवान का नाम लेकर कूद गया।

कुछ देर वह अपने आप को चारों तरफ से पानी से घिरा पाया। पानी के दबाव और पानी के खिंचाव को महसूस किया। पेट में पानी जाने लगा, दम घुटने लगा और आँखों के आगे अंधेरा छाने लगा...

๏๏

"क्या हुआ था?..." यह तो कोई पुलिस वाला है... 'लानत है यहाँ भी पुलिस? मैं कहीं नर्क में तो नहीं आ गया?' उसके दिमाग में यही पहला सवाल उठा। लेकिन जल्दी ही साफ हो गया कि वह हॉस्पिटल में है।

"आप अचानक पीछे कैसे लुढ़क गये? क्या नशा किया था?"

हद है... यहाँ भी नाकामी... वह रुआंसा हो गया...

"ये जो गोताखोर बैठे हैं, इन्होंने ही आपकी जान बचाई है।" बयान के बाद इंस्पेक्टर ने कहा, "इनका हक बनता है, अपनी जान जोखिम में डालकर बचाया है आपको.... कुछ दे दिला दीजिये..." कहकर इंस्पेक्टर चला गया।

"बस, पांच हज़ार सर..." कुटिल मुस्कान के साथ गोताखोर ने कहा।

"क्यों बचाया?" उसने रुआंसे स्वर में कहा।

"क्या सर, ऐसे ही मर जाने देता?" गोताखोर ने बड़े मुअद्दब लहज़े में जवाब दिया।

"मेरे पास पैसे नहीं है।"

"क्या सर, अपना जान पर खेलकर आपका जान बचाया..."

"इससे तो अच्छा मुझे मर जाने देते..." वह रुआंसा होकर बोला।

"मुफ्त में मरना चाहते हो सर। मुफ्त में कुछ नहीं मिलता। ग्यारह हज़ार एक सौ की पर्ची कटवाइये फिर शान से कूद जाइये। कोई नहीं आएगा बचाने..." अपनी कुटिल मुस्कान के साथ गोताखोर बोल रहा था...

9

सीनाज़ोरी

"आपको पता है, हमें कितनी मेहनत करनी पड़ती है?"

उसने सीधा आकर मुझसे कहा तो मैं अचकचा गया। यार, मान न मान मैं तेरा मेहमान?

"सॉरी, आप मुझसे मुखातिब हैं?" मैंने दर्याफ्त किया।

"आपको क्या लगता है, मैं दीवारों से बात करूंगा?" वह ताव से बोला।

"दरअसल, मैंने आपको पहचाना नहीं..."

"पहचान लेते तो क्या उखाड़ लेते?"

'यार, बड़ी अजीब बात है; यह तो ऐसे बिफर रहा है जैसे मैंने इसकी भैंस खोल ली है।' मैंने दिल में कहा। सच बात है, मैं घबरा गया था। घबराने की तो बात ही थी। अरे भई, जान न पहचान, खाला बीबी सलाम। ये क्या बात हुई भला। कोई इस तरह आकर आप पर सवार हो जाये जैसे आपने उसके बाप-दादा की जायदाद मार ली हो तो क्या करेंगे।

"भाई मेरे, मैंने आपका क्या बिगाड़ा है?" मैंने माज़रत की कोशिश की। मैंने वही किया जो इन हालात में कोई भी शरीफ आदमी करता है।

"यही तो मैं बताने आया हूँ..." उसने अपना अंदाज़ ज़ारी रखा।

"भाई, मुझे लगता है, आपको कोई गलत फहमी हुई है। मैं तो एक शरीफ आदमी हूँ..."

"शरीफ? ह ह ह ! तुम लोगों की शराफत को मुझसे अच्छी तरह कौन जान सकता है..." वह उसी लहजे में बोलता गया। उसका पारा ज़रा भी नहीं उतर रहा

था। लेकिन उसकी यह बात तो सरासर इल्ज़ाम है और यह इल्ज़ाम मुझे ग़वारा नहीं।

"भाई, मैं फिर कहता हूँ, आपको कुछ ग़लतफहमी हुई है..." मैं बोला.

"कोई ग़लतफहमी नहीं...," उसने कहा, "आप वही हैं न, C 37 वाले?"

अब मैं क्या कहता? बात तो बिल्कुल सही थी।

"आपके घर ही ज़ेवरात की चोरी हुई थी न, पिछले महिने?" उसने फिर सवाल दागा। मैं हैरान था, इसे कैसे पता?

"लेकिन आपको यह कैसे पता? इसका ज़िक्र तो मैंने किसी से नहीं किया। कोई एफआईआर तक नहीं की..." मैंने कहा।

"हाँ, क्या ज़िक्र करोगे? एफआईआर में क्या लिखाओगे?"

"नहीं नहीं भाई, ऐसा मत सोचिये। मेरी पास जो भी है, मेरी हक़ हलाल की कमाई है। मैंने कभी ग़लत तरीके से कुछ नहीं कमाया..." मैंने सफाई देने की कोशिश की।

"सवाल तरीके का नहीं है। सवाल तो कमाई का है। आप जानते हैं न, बेकारी कितनी बढ़ गई है?"

"हाँ हाँ, बिल्कुल! बल्कि अभी कोरोना के बाद से तो हालात और भी खराब हो गये हैं।" मैंने उसकी हाँ में हाँ मिलाने की कोशिश की। मैं और क्या करता?

"लेकिन भाई, सब्र करो, हालात सुधरेंगे?" मैंने उसे दिलासा देने की कोशिश की।

"क्या ख़ाक सुधरेंगे हालात। आपको पता है; यह सर्किल जब एक बार चल पड़ता है तो क्या होता है? बेरोज़गारी की वजह से लोगों के पास पैसा खतम हो जाता है। और जब पैसा खत्म हो जाता है तो वह मार्केट में नहीं आता। और पैसा मार्केट में नहीं आता तो बज़ार खत्म होने लगते हैं। और बाज़ार डूबने लगते हैं तो और बेकारी बढ़ने लगती है... और फिर लोगों के पास चारा क्या रह जाता है?..." अब जोश में उसकी आवाज़ तेज़ हो गई थी जिसकी वजह से आसपास के और लोगों को भी उसने मुतवज्जेह कर लिया था। और, अब वह जवाब के इंतेज़ार में मेरा मुँह देखने लगा।

मैं क्या जवाब देता? मैं तो खुद उसकी बातों से हैरान था। यह तो कोई बड़ा पढ़ा-लिखा जानकार आदमी मालूम देता है। मैं खुद उसका चेहरा देखने लगा।

"बताइए, क्या चारा रह जाता है?" उसने सवाल दुहराया।

"क्या चारा रह जाता है?" मैंने पूछा।

"मैं आपसे पूछ रहा हूँ, आप बताईए न।" उसने फिर इसरास किया।

"म्म्म मैं कैसे बताऊँ..." मैं अब हकलाने लगा।

"ठीक है, मैं बताता हूँ... चोरी चकारी, लूट-पाट और क्या?" वह बोला। लेकिन मुझे यह बात जमी नहीं।

"देखिए, आप बुरा मत मानिए, यह बात मुझे कुछ जमी नहीं..."

"आपको जमने, नहीं जमने से क्या होता है? आप क्या दुनिया के मालिक हैं? दुनिया आपकी पसंद नापसंद का खयाल करके नहीं चलती।"

उसने कहा तो मेरे पास बोलने के लिये कुछ रह नहीं गया। मैं चुप-चाप उसका मुँह देखता रहा।

"तो चलिये, फिर आप ही बताइये क्या चारा रह जाता है?" उसने फिर पूछा, "आपके पास और कोई रास्ता है?"

मेरे इनकार करने पर उसने कहा, "पेट के लिये सब जायज़ है। अपना पेट छोड़िए। अपनी तो जान जाए या रहे क्या फर्क पड़ता है, लेकिन वो बच्चे जिन्हे आप दुनिया में ले आएे? वह औरत जिसे आप शादी कर ले आएे? उन सबका क्या जो आपके दम से हैं?"

मैं दम साधे चुप रह गया।

वह जीत गया था। उसकी बातें और बात करने के अंदाज़ ने आस-पास के लोगों की नज़र में उसका रुतबा ही बुलंद हुआ था। और सब लोग उसके इर्द-गिर्द जमा होकर बड़े एहतराम से उसकी तकरीर सुनने लगे।

"नहीं है न कोई जवाब?" वह जीत के जोश में बोला, "लेकिन क्या चोरी-चकारी भी इतनी आसान रह गई है आज के दौर में? वहाँ भी क्या कम कॉम्पिटीशन है? पहले कोई अनपढ़ जाहिल तो यह काम कर लेता था। एक बार पैकेट मार ले तो दिन भर का खर्च तो निकल आता। लेकिन आजकल? आजकल तो पैसे की जगह एटीएम कार्ड, क्रेडिट कार्ड ही निकलते हैं। वहाँ से पैसा चुराने के लिये बहुत पढ़े लिखे होने की ज़रूरत होती है। यह भी एक ऑर्गनाईज़्ड बिजनेस बन गया है। चोरों के वहाँ भी जॉब आपको हाई क्वालिफिकेशन पर ही मिलता है। फिर ऐसे में बाकी बेचारे छोटे-मोटे कम पढ़े लिखे चोर कहाँ जाएँ?"

मैं उसकी नॉलेज भरी तकरीर सुनकर वैसे ही काफी मुतास्सिर हो चला था। फिर कुछ-कुछ आस-पास के लोगों की निगाहों में उसके लिये एहतराम देखकर और दब सा गया था।

"भाई, आप तो बड़े आलिम बड़े एजुकेटेड लगते हो..." मैंने कहा।

"ज़िंदगी सब कुछ सिखा देती है। आखिर ज़िंदगी से बढ़कर कौन सी यूनीवर्सिटी है?" वह अपनी तारीफ के नशे में बोला।

"हाँ, बात सही है..." लोगों ने उसकी ताईद की और उसके और करीब आ गये। लोगों में फुसफुसाहट होने लगी। लोग कयास लगाने लगे। किसी ने कहा नेता है। किसी ने कहा वह संयुक्त राष्ट्र का प्रतिनिधी है। किसी को लगा नक्सलाईट है।

"आखिर आप हैं कौन?" लोगों ने उत्सुकतावश उससे पूछा। किसी ने उसके हाथ में चाय का गिलास थमा दिया। उसने चाय की चुस्की ली।

"हाँ, आखिर आप हैं कौन?" मैंने पूछा।

"मैं?" उसने इत्मीनान से चाय की चुस्की लेते हुए जवाब दिया, "मैं चोर हूँ, मैंने ही आपके घर ऑर्नामेंट्स की चोरी की थी..."

"क्या??" सब की एक साथ चीखें निकल गईं।

"पुलिस पुलिस, कोई पुलिस को बुलाओ..." मैं घबराहट में बौखला गया।

"पुलिस, हाँ बुलाओ, बुलाओ। तुम क्या बुलाओगे पुलिस को? मैं बुलाऊंगा पुलिस को। " वह बोला.

"देख रहे हो लोगों, चोरी तो चोरी ऊपर से सीना ज़ोरी..." मैं बौखला कर बोला, "तुम क्यों बुलाओगे पुलिस को? आखिर मैंने क्या किया है तुम्हारे साथ?"

"अच्छा? क्या किया? शराफत की खाल में छिपे भेड़िये ये, हरकतें हैं तुम्हारी? तुम्हे तो चार सौ बीसी के इल्ज़ाम में अंदर कर देना चाहिये।" उसने मुझपर धोखाधड़ी का इल्ज़ाम थोप दिया।

"आखिर किया क्या है इसने तुम्हारे साथ?" लोगों ने पूछा। लोगों का मूड देखकर मेरी तो घिग्गी बंध गई।

"तुम जानते हो कितनी मेहनत है हमारे काम में? कितना रिस्क है? फिर आप इतनी मेहनत और इतने जोखिम के बाद अगर आपका माल नकली निकले तो हमारा दिल नहीं जलेगा?..."

मुझे काटो तो खून नहीं। मैं शर्म से गड़ा जा रहा था। मैं इतना ही कह सका, "भाई, सबके सामने यह बात बताने की ज़रूरत क्या थी..."

10

तेरे प्यार में बदनाम

वह हमारी कालोनी में नई-नई आई और आते ही टॉकिंग-पॉइंट बन गई। क्यों न हो, जिनके हाथ रोजगार हो उनकी तो बात ही निराली होती है। कहा भी तो गया है, कि धन ही शक्ति है और निरंतर धनलाभ सुख है। अब इतना तो हम भी समझते हैं कि निरंतर धनलाभ का अर्थ है- रोजगार। अब जिसके पास रोजगार हो, उसकी चाल ढाल, उसकी बातचीत, मतलब कि हर बात में ही आत्मविश्वास झलकने लगता है। उसका व्यक्तित्व ही बदल जाता है।

अब शास्त्रों में भी सुख के छः प्रकार बताये गये हैं, जैसे- निरोग काया सुख है, अर्थ कारी विद्या सुख है, प्रेम करनेवाली पत्नी सुख है; आज्ञाकारी पुत्र सुख है; निरंतर धनलाभ सुख है और प्रियंवदा पत्नी सुख है। पर मुझे लगता है कि, इनमें से एक सुख प्रमुख है- निरंतर धनलाभ। यानि कि, रोजगार। और यह सुख जिसके पास हो वह सारे सुख अपने पास खींच लाता है। तभी तो इन रोजगार शुदा लोगों की बात ही और होती है। अब हमारे पास तो ले देकर एक ही सुख है, और वह है निरोग काया। और सच पूछो तो यह सुख नहीं बल्कि मुसीबत की जड़ ही है। जिसे देखो, वह इसी के ताने देता है; 'हाथी जैसा शरीर है, जहां लात मारो वहीं से पानी निकल आए। कुछ करते क्यों नहीं?' और मैं समझ नहीं पाता हूं, कि इस 'हाथी जैसे शरीर' और लात मारकर पानी निकाल देने की क्षमता का क्या करूं। अरे, धरती में भी अब पानी रहा कहाँ? हमने विकास भी तो जरूरत से ज्यादा कर रखा है। धरती का सीमेंटीकरण कर दिया। बरसात होती है तो धरती का जलस्तर नहीं बढ़ता, न नदियों में उफान दिखता है, अलबत्ता शहरों में नाव चलाने की नौबत जरूर आ

जाती है।

यार! पता नहीं बात कहाँ से कहाँ चली जाती है। तो बात हो रही थी 'उसकी'। अच्छा! मैंने आपसे उसका परिचय तो कराया ही नहीं; फिर आप पहचानेंगे कैसे? हां तो नाम उसका है- उपासना। उपासना सिंह। वह हमारी कालोनी में आई और आते ही टॉकिंग-पॉइंट बन गयी। इतनी कम उम्र में नौकरी मिलना और वह भी कोई ऐसी वैसी नौकरी? सरकारी बैंक में अफसर है। वाह रे नसीब! अभी-अभी ग्रेजुएशन किया; काम्पिटीशन एक्जाम दिया, टॉप किया, अब इंटरव्यू में कौन काट सकता था। तो, इसे कहते हैं किस्मत! और एक हमारी है, हां यार वही... किस्मत। एक हमारी किस्मत है, कभी टॉप तो कर न सके, न अब तक कोई जॉब ही हासिल कर सके। हां, विद्या ज़रूर हासिल की; लेकिन उसे अर्थ कारी नहीं बना सके। अब जो चीज अर्थ कारी न हो, तो अनर्थकारी ही होगी न! अब देश के कर्णधारों को यह कौन समझाये?

और जब से वह आई है, लोगों ने हमारा जीना हराम कर रखा है। दुनिया के ताने बढ़ गये हैं। देखो लड़की होकर भी कैसे अपने पैरों पर खड़ी है और तुम लड़के होकर आवारागर्दी में वक्त बरबाद करते हो। मेरे दोस्तों का भी यही हाल है। क्या करें, ये लड़कियां आज-कल हर मामले में लड़कों को टक्कर दे रही है। अब ऐसे में हमारा क्या होगा। हमारी तो मुश्किलें बढ़ गयीं न। लेकिन यहां कौन समझने वाला है? कभी-कभी तो इन लड़कियों से बड़ी चिढ़ होती है...

लेकिन उससे नहीं। उसकी तो बात ही कुछ और है। वह कुछ खास है। बात करने का उसका ढंग, उसकी खामोशी की भाषा। उसकी वह नपी-तुली सी मुस्कुराहट या खिलखिलाती हंसी। वह उसका अपने आप में खोया-खोया सा अंदाज़ और आपकी तरफ देखने की मेहरबानी। उसकी झुकी-झुकी पलकें जैसे आपके मन को पवित्र और असीम शांति से भर देती हैं। तो उसकी आंखों का उठना आपके अंदर गहराई तक हलचल मचा दे। झुकी हुई निगाहों को रास्ते पर गड़ाये हुए जब नपे-तुले कदमों से वह चलती है, तो कितने दिल होंगे जो उसके कदमों में बिछ-बिछ न जाए। बस वही एक है जो इन सारी बातों से बिल्कुल अनजान सी अपनी रोज़मर्रा की ज़िंदगी में व्यस्त रहती है। और मैं बिल्कुल समझ नहीं पाता हूं, कि जब उसके एक-एक कदम पर इतने दिल घायल होकर गिरते पड़ते रहते हैं, तब भी उसे कैसे इसकी कोई खबर नहीं रहती है।

उसका आना, मेरे अंदर बहुत सारे परिवर्तनों का करण बन गया है। पहले तो मैं देर तक सोता रहता; अब जल्दी से उठकर बाहर चला आता हूँ, क्योंकि वह जल्दी ही उठकर ऑफिस के लिये तैयार होने लगती है। मैं टहलता रहता हूँ कि उसकी

एक झलक दिख जाये। कभी-कभी किताबें लेकर छत पर चला जाता हूँ। यह सब शनिवार तक यूँ ही चलता रहता है। रविवार को उसका वीकली ऑफ रहता है; तो शनिवार को तो वह ऑफिस से ही सीधे अपने घर चली जाती है। घर मतलब अपने पैरेंट्स के पास जो बस यहाँ से कोई पैंतीस-चालीस किलोमीटर पर दूसरे शहर में है। संडे शाम को वह आम तौर पर लौट आती है; ताकि मंडे को सवेरे जल्दी ड्यूटी के लिये तैयार हो सके। कभी-कभी जब संडे को वापस नहीं आती तो मंडे शाम को लौटती है। यानि घर से सीधा ऑफिस फिर ऑफिस से यहां हमारी कालोनी वाले घर में।

आपको हैरानी होती होगी मैं कैसे उसके पल-पल की खबर रखता हूँ। इसमें ऐसी कोई मुश्किल बात नहीं है। आखिर मेरे पास और काम भी क्या है। फिर यह सब ऐसी कोई छिपी बातें भी नहीं। सारा आस पड़ोस जानता है। सभी उसकी खबर रखते हैं। बड़े लोग यानि कालोनी के बुढ़ऊ लोग तो उसकी खैर खबर रखना अपना फर्ज़ समझते हैं क्योंकि वे सभी स्वयं को उसका स्थानीय संरक्षक समझते हैं। और मैं और मेरे हम उम्र तो उसके जादू भरे आकर्षण में बंधे हुए होने के कारण...

लेकिन मेरी माँ तो सच में उसकी संरक्षक ही है। वह हमारी स्वजातीय जो है। जब पहली बार वह यहाँ आई थी तो साथ में उसकी माँ भी थी और उसने स्वजातीय होने के कारण अपनी बेटी की ज़िम्मेदारी मेरी माँ पर ही डाल कर दी थी।

"बहन जी अब यह आपकी ही बेटी है समझो। मैं इसकी ज़िम्मेदारी आप पर ही डालती हूँ।"

"अरे बहन इसमें ऐसी क्या बात है। मेरी अपनी तो कोई बेटी नहीं है, सो अब यही मेरी बेटी है।" मां पता नहीं इस ज़िम्मेदारी से प्रसन्न अधिक थी या गौरवान्वित अधिक थी।

और इसी ज़िम्मेदारी के साथ मां की आँखों में एक सपना तैर गया था; जैसे सारी माँओं की आँखों में तैर जाता है। यह मेरे बेटे के लिये कैसी रहेगी? पढ़ी लिखी है। कमाती है। अफसर है। मेरे बेटे की तो ज़िंदगी बन जायेगी।

बस बेटा कहीं लग जाये। मौका देखकर बात चलाती हूँ। बड़ी बहू तो बस घर में पड़ी-पड़ी रोटियाँ तोड़ती है। दहेज़ के चक्कर में गले पड़ गई। ज़रा उसे भी तो पता चले...

सो मुझे इस बात पर गर्व भी था, कि हमारे घर उसका आना जाना है। इसी कारण वह गाहे ब गाहे वह मुझसे बात करने की कृपा भी दिखाती और मुझे मेरे कॉम्पिटीशन एक्ज़ाम्स के लिये टिप्स भी दे देती। यह सब देख, मेरे यार दोस्त तो मुझसे जलने लगते।

'साले, तेरा तो काम बन गया बे!' वे कहते, 'तेरे तो जात समाज की भी है।' ऐसा कह के वे आहें भरते और मेरा सीना गर्व से फूल जाता; लेकिन असलियत तो मैं जानता हूँ। मेरी तो हिम्मत ही नहीं होती उससे खुद होकर बात करने की। कहाँ मैं, एक बेरोजगार और कहाँ वह एक सरकारी बैंक में ऑफीसर। लेकिन जो भी हो मुझे अपने आप को उसकी नज़र में साबित तो करना ही है। और इसके लिये मैं अपनी तरफ से कोई कोर कसर नहीं छोड़ना चाहता।

मैं जानता हूँ, कुछ खास बात तो है उसमें। पता नहीं क्यों मन उसकी तरफ खिंचा जाता है। हमेशा दिल यही कहता है कि, अगर यह लड़की मिल जाये तो यार ज़िंदगी संवर जाये। बस मैं भी कमर कसके भिड़ा रहता हूँ। नौकरी के लिये हर कॉम्पीटीशन फाईट करता हूँ। सौ-सौ उम्मीदें पालता रहता हूँ। हर किसी से कहता हूँ, कि इस बार तो सक्सेस पक्की है। लेकिन परिणाम हर बार... फुस्स।

यह सब इतनी बार हो चुका कि अब तो हर कोई मेरे दावे का उपहास करता है। बात तो साफ है! वह भी...

෴

मैंने भी अपनी तरफ से कोई कसर तो नहीं छोड़ी। आखिर मेरी असफलताएं मुझे वहीं ले गईं जहां हर असफल और निराश व्यक्ति जाता है; भगवान की शरण में। कितने मंदिरों में शीश नवाये। कितने व्रत उपवास किए। लेकिन यहाँ आकर मुझे एक नए जीवन का आभास होने लगा। लगा जैसे जीवन के कितने रहस्य प्रकट होने लगे हैं। शायद मेरे ज्ञान चक्षु खुलने लगे हैं। मैंने इस जीवन में असीम शांति का अनुभव किया। यहाँ कोई कॉम्पिटीशन नहीं था। कोई आपा धापी नहीं। सिर्फ श्रद्धा थी और समर्पण। यह जीवन मुझे रास आने लगा और मैं इसमें डूबता चला गया। शनै: शनै: मेरा भक्ति भाव इतना बढ़ने लगा, कि आस पास के हर मंदिर के पुजारी पंडित मेरी श्रद्धा और भक्ति के आगे नतमस्तक हो गये। वे सब मेरी इतनी सराहना करने लगे, कि यह आयु और यह श्रद्धा! आखिर ऐसे नौजवानों के हाथों ही तो धर्म का भविष्य है। लेकिन पता नहीं भगवान क्यों द्रवित नहीं होते।

अब तो मेरा अधिकतर समय पंडित और पुजारियों की संगत में बीतने लगा। और धीरे-धीरे मंदिरों से जुड़े कई बड़े लोगों यानि ट्रस्टियों वगैरह से भी जान पहचान होने लगी। सभी बड़े लोग मुझे धर्म की सेवा के लिये प्रोत्साहित करते रहते हैं।

अब मुझे घर का वातावरण भी मानो काटने दौड़ता है। क्यों...? अब आपको यह कैसे बताऊँ? एक तरफ वे लोग हैं जो मुझे इतना प्रोत्साहित करते हैं; और एक तरफ मेरे घर वाले है... यानि मेरे भाई और बाप। इन लोगों की नज़र में तो मुझमें ही कमी है। क्या कहूँ मेरी भक्ति और श्रद्धा को भी वे मेरी असफलताओं से जोड़कर देखते हैं। कहते हैं, मैं इसकी आड़ में अपनी कमी छुपा रहा हूँ। क्या वह भी ऐसा ही सोचती होगी... कभी-कभी तो लगता है वे लोग सच कह रहे हैं। फिर भी कैसे कह दूँ और कैसे मान लूँ कि अपनी मेहनत में ही कोई कमी रह गई। अरे! आखिर अपनी भी कोई इज़्ज़त है कि नहीं?

पीछे वाले हनुमान मंदिर के बड़े पुजारी कहते हैं, "जीवन जीने के हज़ार रास्ते हैं; और जीवन अपना रास्ता ढूंढ ही लेता है।"

और पंडित जी सही ही कहते हैं; जीवन अपना रास्ता ढूंढ ही लेता है...

आखिर मेरे जीवन ने भी तो स्वतः ही मेरे लिये रास्ता बनाना शुरु कर दिया है।

इसीलिए तो, जॉब भले नहीं हो अपने पास, पर अपन भी कोई ऐसे वैसे, बेकार इनसान नहीं है अब। अपनी भी इज्जत है। अरे, वो भले न जाने। अपने घर वाले भले न समझें लेकिन दुनिया अपनी कद्र करती है न।

क्यों?

अरे! हम लोग आज-कल समाज सेवा का काम जो करते हैं। वैसे भी हमारे देश में जिन लोगों के पास कोई काम न हो वे समाज सेवक ही बन जाते हैं। अब समाज सेवा मतलब कैसे समझाएं आपको। यही... देश की रक्षा वगैरह। समाज के भीतर सब ठीक ठाक चल रहा या नहीं या समाज में कोई देशद्रोही तत्व अथवा धर्मविरोधी तत्व तो मौजूद नहीं इसकी चिंता; फिर अपने इलाके में सब ठीक ठाक चल रहा है कि नहीं। अपने इलाके में कोई बाहर वाले लोग आकर गड़बड़ी तो नहीं फैला रहे हैं। बस समाज की सुरक्षा करते हैं।

यह सब इन धार्मिक लोगों की संगत और उनकी कृपा से ही सम्भव हुआ है। इन्हीं लोगों ने हमें खाली देखकर यह काम सौंप दिया है, ताकि हम अपनी ज़िंदगी भी चला सकें और धर्म का भी भला हो।

फिर कोई त्योहार वगैरह हो या कोई धार्मिक काम हो, तो उसके लिये चंदा वसूल करने से लेकर मूर्ति विसर्जन तक के सारे काम हमें ही करने होते हैं।

और सच तो यही है, कि यह सब हमारी भक्ति के प्रताप से ही सम्भव हुआ है। आप तो जानते ही हैं कि आस पास के सभी मंदिरों के पुजारी लोग और मंदिर से जुड़े बड़े-बड़े लोग कितने प्रभावित हैं मेरी भक्ति से।

क्या करें, नौकरी पानी मिलते ही लोग धर्म से दूर होने लगते हैं। हमारे बड़े भाई साहब को ही ले लो। कभी साल भर में एक दो बार मंदिर चल दिये तो बड़ी बात। वह भी भाभी के कहने पर। जबकि आज धर्म को हमारी कितनी जरूरत है। भाई, हम धर्म के जानकार भले न हों पर रोजाना मंदिर जाते हैं। सच पूछो तो वही हमारा अड्डा है। पूजा पाठ भी हो जाता है और पुजारियों की संगत में कुछ लाभ भी हो जाता है। लाभ मतलब? यही, खर्चा-पानी का...। क्या करें? घर वाले तो पूरा करने से रहे।

हमारी भक्ति देख मंदिर के मुख्य पुजारी बड़े प्रसन्न रहते हैं और खर्चा पानी भी दिलवा देते हैं; मंदिर के छोटे मोटे कार्यों के बदले में। बस, इसी के सहारे जिंदगी कट जाती है। पंडितजी की पहचान बड़े-बड़े लोगों से है। उनकी पहुंच तो शायद प्रधानमंत्री तक भी होगी। वे बताते नहीं पर मुझे ऐसा लगता है। वे बड़े-बड़े लोगों से हमें मिलवाते हैं और हमारी प्रशंसा भी करते हैं। बड़े-बड़े नेता लोग भी हमारा भक्ति भाव देखकर खुश हो जाते हैं और एक न एक दिन अच्छी सी नौकरी दिलाने का विश्वास भी दिलाते हैं।

और एक हमारा बुढ़ऊ है, कहता है हमने पढ़ा लिखा दिया, योग्य बना दिया अब कमाई करना तुम्हारा काम है।

⚬

पिछली नवरात्रि को जब हम अपने साथियों के साथ, देवी दर्शन के लिये नंगे पैर सौ किलोमीटर तक पैदल यात्रा की तब भी सारी दुनिया हमारे भक्ति भाव को प्रणाम करती थी, तब भी घर में बातें सुननी पड़ी थी।

"कौन सा तीर मार आये? इतनी मेहनत काम ढूंढने के लिये की होती तो आज यूं निठल्ले न फिरते। इतनी मेहनत कमाई करने में लगाई होती तो आज कुछ काम के आदमी बन जाते। दुनिया भर में नाम होता तुम्हारा।"

"नाम तो अब भी बहुत है। आप लोग क्या जानोगे।" मैं चुप न रह सका।

"हां हां, पता है, पता है किस काम के लिये नाम है तुम्हारा। आवारागर्दी के लिये!"

"यह आवारागर्दी है?" मैं गुस्से से चिल्लाया। मैं आहत था। मुझे घोर आश्चर्य था। क्या बाप ऐसे होते हैं। कभी आज तक मेरी कोई बात अच्छी नहीं लगी। कभी किसी बात पर खुश नहीं हुए।

"यह आवारागर्दी है?" मेरे आश्चर्य का ठिकाना नहीं।

"आवारागर्दी नहीं तो क्या? कोई नौकरी ढूंढो, कोई कामकाज करो, फिर चाहे जो करो कौन बोलने वाला है।"

"ये धार्मिक काम है, और मेरा मन धार्मिक कामों में ही लगता है।"

"धार्मिक? तू कब से धार्मिक हो गया? वेद पढ़ लिया? गीता पढ़ ली, रामायण पढ़ ली? क्या पढ़ लिया? बता वेदों में क्या लिखा है...?"

"यह सब पढ़ा नहीं तो क्या? आस्था जरूरी चीज है और मुझ में आस्था तो है।" मैं भी बिगड़ पड़ा।

"और यह आस्था आई कहां से? जिस चीज को जानते नहीं उस पर आस्था कैसे हो सकती है? आस्था नाम है, अच्छी तरह अध्ययन कर के, जांच समझ के किसी बात पर विश्वास करने का। तभी हमारे विश्वास में कहीं शंका की गुंजाइश नहीं रहती। बिना जाने समझे विश्वास या तो ढोंग होता है, या अंधविश्वास! और सौ बात की एक बात है वर्क इज़ वर्शिप बस।"

मुझे बहुत क्रोध था। मुझे इस बात पे शर्म आ रही थी कि वे मेरे पिता होकर इस तरह की बात करते हैं। ऐसे लोगों के कारण ही आज हमारा धर्म खतरे में है। फिर भी मुझे समझने वाले, मेरी कद्र करने वाले घर के बाहर बहुत लोग हैं। और दुनिया घर तक तो सीमित नहीं। मेरे पिता और मेरे बड़े भाई? इन लोगो के पास नौकरी है। और वे अपने आप को सेफ जोन में महसूस करते है अतः देश-धर्म के काम से कोई लेना देना नहीं रखना चाहते हैं। ठीक है, मुझे क्या?

"बेटा वे तेरे पिता हैं। तेरा भला चाहते हैं। वे चाहते हैं कि तुम अपने पैरों पर खड़े हो जाओ। फिर कुछ भी करो।" रात में मां ने समझाया।

"फिर भी मैंने क्या गलत किया बताओ।" मैंने पूछा।

"सवाल गलत सही का नहीं है बेटा," मां ने कहा, "सवाल है तुम्हारे अपने पैरों पर खड़े होने का।"

"क्या मैं बेकार हूँ? बेकार? मां, तेरी नज़र में भी मैं बेकार हूँ?" मैंने भावनात्मक दांव खेला।

"बेटा, मां के लिए कोई औलाद बेकार नहीं होती; यह तो दुनिया कहती है। और दुनिया तो कोई माँ की गोद नहीं होती बेटा। यहाँ सिर्फ कमाने वाले की ही कद्र होती है। जो नहीं कमाता उसे ही बेकार कहा जाता है। ...बेटा, ज़िन्दगी भर तो हम तेरा साथ नहीं दे सकते न? यही हमारा डर है, तुझे एक बार अपने पैरों पर खड़ा देख लें तो हमारी चिंता मिटे।" माँ भी आज कल बड़ी सयानी हो गई है। मेरे हर दांव पेंच समझ लेती है। लेकिन मैं भी इतना नकारा तो हूँ नहीं...

"मैं आप लोगों से कुछ मांगता तो नहीं।" मैंने कहा।

"लेकिन इसका मतलब यह तो नहीं कि तुम्हारे खर्चे है ही नहीं। और बेटा जो तुम्हारे खर्च उठाते हैं, वे मुफ्त में नहीं उठाते। वे वसूलते होंगे या वसूलेंगे। दूसरों पर भरोसा मत करो बेटा, पैसा तो कोई मुफ्त में भगवान को भी नहीं चढ़ता।"

"ऐसी बात नहीं है माँ, भगवान के एक से बढ़कर एक भक्त हैं। जो हज़ारों, लाखों रुपए यूँ खर्च करते हैं भगवान की राह में। मां, इन्हीं के दम पर धर्म टिका है वरना आप जैसों के चलते तो धर्म कब का रसा तल में पहुंच जाता।"

"ऐसा नहीं है बेटा; भगवान को पैसों की ज़रूरत नहीं। और हज़ारों लाखों वही लुटा सकता है जिसने इसे मेहनत और ईमानदारी से न कमाया हो। दुनिया में एक पैसा भी मुफ्त में नहीं मिलता बेटा। इस बात को हमेशा याद रखना।"

"मुझे तो मिलता है, माँ।" मैंने साफ-साफ कह दिया। यदि इन्हें अपने पुत्र से प्रेम नहीं तो क्या? किसी को मुझसे प्रेम नहीं होगा? उनके लिए तो बड़ा बेटा ही बेटा है; लेकिन मैंने समाजसेवा और धर्म की राह पर चलकर कितने ही माता-पिता पा लिए हैं। अगर तुम्हें मेरी ज़रूरत नहीं तो मुझे भी तुम्हारी ज़रूरत नहीं। इन्हें तो यह भी नहीं पता कि हमारे क्षेत्र के सांसद और अगले मंत्रिमंडल गठन में मंत्री पद के प्रबल दावेदार, दामोदर भैया भी मुझे अपना पुत्र मानते हैं। हां, ये अलग बात है कि खुद अपने पुत्र से उनकी नहीं पटती...

बात ये है, कि दामोदर भैया उसे पार्टी के काम में लगाना चाहते हैं और वह पढ़ना लिखना चाहता है। नौकरी करना चाहता है; इसीलिए घर बार छोड़ विदेश में जा बैठा है और बेचारे दामोदर भैया न चाहते हुए भी उसका खर्च उठाने मजबूर हैं। कहते हैं, "इतना धन-दौलत किस काम का जब अपना पुत्र ही इसकी कदर नहीं करता। देखेंगे, नहीं माना तो सारी दौलत अपने लोगों में बांट देंगे।"

और मुझे तो पक्का यकीन है, वे मुझे ही अपना वारिस बना लेंगे।

एक बेचारे दामोदर भैया हैं, और एक मेरे माता-पिता। एक उनका बेटा है जिसे अपने पिता की धन-दौलत से कोई मतलब ही नहीं और एक हम हैं कि अपने माता-पिता के प्यार को भी तरसते हैं। हे प्रभु! तेरे खेल निराले।

मेरे इस विश्वास का एक कारण यह भी है, कि जब मैंने दामोदर भैया से एक बार रिक्वेस्ट की थी कि, हमें कोई सरकारी नौकरी वौकरी लगाव दें ताकि हम ज़िन्दगी भर नाम लेते रहें; तो वे हंसकर बोले, "तुम कहाँ इस नौकरी चाकरी के चक्कर में पड़ते हो। राजपूत हो राजपूत की तरह सोचो, यह सब नौकरी चाकरी आप लोगों का काम नहीं है। हम तो तुम्हारे लिए बहुत कुछ सोचकर रखे हैं। तुम्हें तो राज करना है, नौकरी नहीं।" फिर पुजारी जी से कहा, "समझाइये महाराज इन्हें।"

महाराज ने कहा, "समझ जाइये; जब भैया जी कह रहे हैं तो... अरे, कुछ सोच रखा है भैया जी ने आप के लिये, तभी न कहते हैं। आप बस इसी तरह धर्म-कर्म के काम में जुटे रहिये। आपकी किस्मत में राजयोग है, राजयोग।"

बस तभी से हम समझ गए।

यूँ भी भैया जी और पंडित जी कई बार संकेत कर चुके हैं कि वे मुझे बहुत मानते हैं। अब मैं और भी अधिक निश्चिंत हूं, अपने भविष्य को लेकर। बस एक वह मिल जाये तो मस्त लाईफ बन जाये। वो, हांsss, जब भी उसका ध्यान आता है, पता नहीं मन में कैसी तो भी खलबली मच जाती है।

कई बार लड़कों ने कहा भी, "भैया, कहो तो उठा लाएं?" एक दिन, एक खींचकर लगाया था बोलने वाले को। साले, अपनी भाभी के बारे में ऐसा बोलते हैं? बस उस दिन से वह सारे लड़कों की भाभी हो गई।

उसके हर कदम की, हर पल की खबर मिलती रहती। ज्यादा कुछ तो नहीं, लेकिन एक दो बार किसी लड़के के साथ देखे जाने की उड़ती खबरें आई हैं। ठीक है; देख लेंगे। वैसे भी आज-कल ज़्यादा बिज़ी हो गए हैं न! क्या है कि भैया जी ने एक ठो ऑफिस बनाकर बैठा दिया है। अब इंचार्ज हैं उस ऑफिस के। एक ठो अपना मारुती जिप्सी दे रखे हैं और आठ दस लड़के। खाना पीना और पेट्रोल का इंतज़ाम कर दिए हैं और बस, गौरक्षा का काम सौंप दिए हैं। बस शहर में घूम फिरकर नज़र रखनी है, कोनो गौ माता की हत्या तो नहीं हो रही है। कोई अपमान तो नहीं कर रहा है; गौ माता का। कहीं कोई ट्रक में अगर मवेशी भरकर जा रहे हों तो उसका पीछा करके और पुलिस पर दबाव डालकर उसे गिरफ्तार करवाना। क्या है कि भैया जी बताये हैं, इससे धर्म के प्रति जागरूकता बनी रहती है जनता में।

कल शाम भी इसी भागमभाग में बीच शहर चौक से गुज़रते हुए अचानक लड़कों ने आवाज़ दी, "भैया! भाभी... भाभी।"

वह नज़र आई। यह यहाँ क्या कर रही होगी, इस समय? आज शनिवार है, और शायद वह जल्दी घर आ गई होगी। लेकिन यहाँ क्या कर रही होगी? लेकिन इस सब के लिए समय कहाँ था हमारे पास। मोबाइल लगातार बज रहा था। मवेशियों से लदा एक ट्रक ट्रैक हुआ है। शहर के बाहर। सन्देह है कि उसमें गायें हों, या भैंसे हों; जिन्हें पड़ोसी राज्य के कसाईखाने ले जाया जा रहा हो। हमने अपने राज्य में तो इनका वध रोक ही रखा है। तो मवेशियों के व्यापारी इन्हें बाहर ले जाकर ऊंचे दामों में बेचने लगे हैं। जिन्हें रोकना हमारा प्रथम कर्तव्य है। पुलिस को भी बुला लिया गया था। अगर हम नहीं पहुंचे तो हो सकता है पुलिस उन्हें जाने दे। छोड़ दे।

हमारे पास समय कम था इसलिये तब ध्यान नहीं दे सका।

शहर के बाहर कड़ी मेहनत और दौड़ धूप के बाद आखिर वह ट्रक हमारे शिकंजे में आ ही गया। ट्रक चालक भाग नहीं पाया इसलिए लाठियों और ठोकरों से उसकी जमकर ठुकाई हो गई। वह गिड़गिड़ाता रहा लेकिन इस काम में ठुकाई सब से ज़रूरी काम है; वरना इनके मन में हमारी दहशत नहीं रहेगी। लेकिन उसका दूसरा साथी भाग गया था और ड्राइवर के पास ज़्यादा पैसे नहीं मिले। वह गिड़गिड़ाता रहा छूटने के लिए, लेकिन सारे पैसे तो उसके साथी के पास थे कई बार फोन करने के बाद भी वह नहीं आया। न ट्रक का मालिक पहुंचा।

आज का दिन ही खराब था इसलिए कोई कमाई नहीं हो पाई। मजबूरन उसे और ट्रक को पुलिस के हवाले करना पड़ा। यह अलग बात थी कि, उसमें गायें नहीं थीं। सिर्फ भैंसें थी और उसकी खरीदी की रसीदें भी थी। लेकिन हमें इससे क्या मतलब? रसीदें दिखाता रहे कोर्ट में। हमारी तो कमाई मारी गयी न।

वापस ऑफिस पहुंचे तो मूड कुछ उखड़ा-उखड़ा सा था। रह-रहकर उसका चेहरा नज़र के सामने घूम जाता। वह अकेली क्या कर रही होगी मार्केट में? आज शनिवार है। पहले तो वह शनिवार को घर चली जाती थी जो अगले ही शहर में है। बस, कोई पैंतीस से चालीस किलोमीटर पर। संडे परिवार के साथ बिताकर सोमवार को ऑफिस टाइम तक वापस पहुंच जाती।

ऑफिस पहुंचकर भी दिमाग ठिकाने नहीं था। लड़कों ने पूछा- "क्या बात है, भैया?"

मैं कुछ कह नहीं पाया। क्या कहता? कहने को भी कुछ था नहीं। फिर भी वे अनुमान लगा बैठे थे। साले, डेढ़ होशियार जो ठहरे।

"भैया, क्या बात है? याद आ रही है क्या?"

"यार, मैं ये सोच रहा हूं, आज शनिवार है तो वो घर क्यों नहीं गई; और बाजार में अकेली क्या कर रही थी?"

"अकेली कहाँ भैया? वो लड़का था न साथ में। आप तो जानते नहीं उसे, हम तो पहचानते हैं न।" एक बोला।

"भैया, आप ने तो घर की तरफ जाना बंद कर दिया इसलिए आप को पता नहीं है। आजकल किसी-किसी शनिवार ही वह घर जाती है; और वह लड़का हर संडे आ जाता है। कभी-कभी तो कार लेकर आता है। दोनों खूब घूमते फिरते हैं। खूब मौज मस्ती करते हैं। कभी-कभी तो शनिवार को ही आ जाता है और रात को रुकता भी है।"

रात को रुकता भी है? खुले आम मौज मस्ती चल रही है और वो भी हमारी कालोनी में? कोई रोकता नहीं, टोकता नहीं? मेरा पारा सातवें आसमान पर था।

खुले आम अय्याशी? कोई रोकने वाला नहीं? सब बुजदिल हो गए हैं। चूड़ियां पहन ली है क्या? ऐसे में क्या होगा हमारी संस्कृति का? कुछ तो करना ही होगा...

चुप बैठने से काम नहीं चलेगा। कालोनी वालों की तरह, अपने घर वालों की तरह, सब लोगों की तरह हम भी बुजदिल बन गए तो इस देश की महान संस्कृति का क्या होगा?

"चलो रे, गाड़ी निकालो..." मैं चिल्लाया, "आज ही समझाना होगा।"

हम लोग अपनी जिप्सी में सवार तेजी से मेरी कालोनी की ओर भागे जा रहे थे...

वह कालोनी के बाहर ही मिल गया। उसे देखते ही मन में एक हीन भावना सी भर गई थी। अच्छा तो उसने इस लिए पसंद किया था उसे? गोरा रंग, ऊंचा कद और गठीला शरीर। ज़रूर किसी महंगे जिम में जाता होगा, शरीर बनाने। किसी बड़े घर का लगता है। देखने भी फिल्मी हीरो से कम नहीं लगता है। लेकिन उम्र में बहुत कम था। कालेज का लड़का लगता था। तो ये है उसकी पसंद? अपने से छोटा लड़का? स्साली, कमाती है, अच्छी पोस्ट है तो कुछ भी। इन लोगों का ऐसा ही है। वैसे भी उस लड़के के सामने मैं तो कुछ भी नहीं था। एक बार दिल में आया, बिना कुछ कहे लौट जाऊं। लेकिन ऐसे कैसे लौट सकता था। उसे रोक ही लिया।

"सुनो बेटा," मैंने उसे झिंझोड़ते हुए कहा, "अपना भला चाहते हो तो फिर कभी इस कालोनी की तरफ आंख उठाकर भी नहीं देखना। अब अपना बोरिया बिस्तर बांधकर नौ दो ग्यारह हो जाओ।"

"क्यों?" वह बिना घबराये बोला, "तुम कौन होते हो मुझे रोकने वाले?"

"क्या है बे, बोलना भी आता है क्या? ज़्यादा चूं चपड़ मत कर। जितना बोलते हैं, मान ले और चुप चाप निकल ले।"

"साले की हिम्मत तो देखो। कैसे आँखों में आंखें डालकर बात कर रहा था। भैया, यह कोई बड़ी पहुंच वाला लगता है।" एक लड़का ज़रा चिंतित हुआ।

"देख लो भैया, कहीं लेने के देने न पड़ जाए।" दूसरे ने कहा।

"अरे अब बोल दिया सो बोल दिया।" मैंने उनका हौसला बढ़ाते हुए कहा, "जो होगा देखा जाएगा। दामोदर भैया के आगे किसका पहुंच है। क्या प्रधान मंत्री तक पहुंच होगा स्साले का?"

इस बात पर सब हँस दिये और हमारे बीच का तनाव कम हो गया।

आज तो इतना ही समझाकर छोड़ दिया। इतना काफी रहता है इन रईसजादों के लिए। देखना पलटकर नहीं देखेगा इस तरफ।

इसके बाद मैं घर चला गया। बहुत दिनों से गया नहीं था न। मां से मिलना भी था। जानता हूँ, पिता और भाई तो मुझे बर्दाश्त नहीं करेंगे। यहां भी कौन चिंता करता है। वो तो माँ है इसलिए जाना पड़ता है। वरना अपना क्या? लेकिन मां पीछे पड़ जाती है, पिता है प्रणाम कर। माफी मांग, बात कर। उन्हें तेरी बहुत चिंता है, वगैरह-वगैरह!

लेकिन मैं मां की इन सब बातों में आने वाला नहीं था। मेरी चिंता तो कुछ और थी।

"सुना है आजकल कालोनी का माहौल पहले जैसा नहीं रहा?" मैंने पूछा।

"क्या अंट शंट बकता रहता है?" मां ने खाना परोसते हुए कहा, "ऐसा क्या हो गया है? हाँ, रौनक उड़ गई है यहाँ की; तू जो नहीं है।"

"नहीं, सुना है बाहर के लोगों का आना जाना ज़्यादा बढ़ गया है?" मैंने टटोलने की कोशिश की।

"नहीं बेटा, बाहर का कौन आएगा? और क्यों आएगा? हां, अगर किसी को कोई काम हो तो आएगा जाएगा ही... लेकिन तुझे इससे क्या करना? इनसान को सिर्फ अपने काम से काम रखना चाहिए।"

"यही तो बात है। यही तो बात आप लोगों की मुझे पसंद नहीं आती। कुछ भी हो जाए हमारे देश हमारी संस्कृति पर कितना भी बड़ा संकट आ जाए, मैं चुप रहूँ! अपने काम से काम रखूं!! आप लोगों की इसी सोच ने सैकड़ों बरस हमें गुलाम बना रखा था।"

"लेकिन ऐसी भी क्या आफत आ पड़ी है? बाहर का तो कोई है भी नहीं यहाँ पर। हां, बस वो एक लड़की उपासना है; लेकिन वह तो यहां सरकारी बैंक में नौकरी करती है और अपने काम से काम रखती है। फिर कोई अजनबी भी नहीं अपनी जात बिरादरी की लड़की है।"

"सुना है, बहुत उड़ रही है आज कल।" मैंने बीच में ही टोकते हुए पूछा।

"उड़ती होगी। पंख होंगे तो क्यों नहीं उड़ेगी। अपने पैरों पर खड़ी जो है।" माँ ने कहा। मुझे लगा मां मुझे ताना मार रही है। दिल यकायक खट्टा हो गया।

वह आगे बोलती रही, "वैसे लड़की है बहुत अच्छी। मुझे तो माँ की तरह मानती है। बल्कि मैं तो चाहती हूं, वह बहु बनकर आ जाए इस घर में तो तेरी किस्मत संवर जाए। यूँ मारा-मारा फिरता है। मैंने उसकी मां से बात भी छेड़ रखी है।"

"मां, तुम्हें तो पता है न, मेरे पास नौकरी नहीं..." मैं बोला।

"तो क्या हुआ, उसके पास तो है।" माँ ने कहा, "फिर मैंने यह थोड़ी कहा कि तेरे पास जॉब नहीं है। बल्कि मैं तो यही सबसे कहती हूं कि तू किसी बड़ी कम्पनी में

इतनी बड़ी जिम्मेदारी सम्हाल रहा है कि घर आने का मौका ही नहीं मिलता।"

क्या कहूं, माँ तो माँ होती है न। लेकिन यह लड़की बड़ी चालाक लगती है। दुनिया भर की नज़र में कैसी सती सावित्री बनी हुई है। एक बारगी तो मन में आया कि इस लड़की का ही किस्सा तमाम कर दूं... लेकिन कोई बात है जो मुझे रोकती है। जैसे कोई आशा है, या जीवन की कोई अभिलाषा या कोई सपना ही है जो उससे ही जुड़ा हुआ है और एक अनजान सी आशा है जो अब तक कायम है।

अगले हफ्ते वह लड़का नहीं आया। लगता है डर गया। कम से कम मेरे लड़कों का तो यही ख्याल था। मैं फिर भी चिंतित था। अब तो जैसे यह मसला मेरी ज़िंदगी का सबसे महत्वपूर्ण मकसद बन गया था। उठते बैठते, सोते जागते, बस यही सब दिमाग में घूमता रहता। मेरे जासूस बिल्कुल मुस्तैदी से उसकी निगरानी में लगे हुए थे। अगले सप्ताह वह अपने घर गई थी शायद। मन को सुकून था कि उसका कार्यक्रम फिर पटरी पर लौट आया। लेकिन सोमवार को जब वह वापस आई; पता चला वही लड़का उसे कार से छोड़ गया था।

"भाभी तो हाथ से गई...।" लड़कों ने कहा।

"क्यों न भाभी के घर जाकर उनके घर वालों को बताएं? वे रोकेंगे; या कम से कम उनकी मदर ही आकर अपनी बेटी के पास रहेगी। क्या कहते हो चलें? यहां से 35 किलोमीटर तो है। गाड़ी निकालते हैं।" एक ने सुझाव दिया। लेकिन मुझे पसंद नहीं आया। इस तरह तो अपनी पोल खुलने का भी डर है।

आज का दिमाग ही उखड़ा हुआ था। हमारा साथी महादेव, कल तक जो हमारे सारे काम में साथ रहा था, यकायक बदल गया।

"नहीं यार, मैं यह सब काम नहीं करूंगा।" वह बोला।

हम लोग शहर के बाहर सड़क के किनारे एक सुनसान जगह पर जिप्सी रोक कर पैग लगाते हुए, प्राकृतिक सौंदर्य का आनंद उठा रहे थे। यहाँ सड़क के दोनों और, दूर-दूर तक खेत ही खेत नज़र आ रहे थे। खेतों में ट्रैक्टर चल रहे थे। खेतों के बीच-बीच में इक्का दुक्का पेड़ थे और खेत की पृष्ठभूमि में पेड़ों की कतारें और उसके पीछे पहाड़ों की छाया सी उभर रही थी।

उसकी बात ने एक दम से मूड ऑफ कर दिया था। फिर भी मैंने बात सम्हालने की कोशिश की।

"क्यों बे? क्यों नहीं करेगा?" मैंने पूछा, "कोई प्रॉब्लम है? कोई कुछ कहता है तो बता, स्साले की खोपड़ी फोड़ देंगे।"

"किस की किस की खोपड़ी फोड़ोगे? और क्यों फोड़ोगे?" महादेव अचानक बिफर गया, "सब हमारे घर वाले हैं। हमारा बुढ़ऊ, हमारी बुढ़िया, बहन, जीजा..."

"यही तो... साला यही तो प्रॉब्लम है हमारे देश की। हमारे घर वाले ही हमें नहीं समझते हैं। वो ही हमें बुरा-भला कहते हैं।" मैंने हताशा से कहा।

"और साला कौन बोलेगा। किसको हमारी चिंता है? किसी और को हमसे क्या लेना देना?" महादेव ने कहा।

"तो इसमें हिम्मत हारने वाली कौन सी बात है? क्या हम संघर्ष नहीं कर रहे अपने घर वालों से? तुम्हें क्या पता साले, हमारा भाई, हमारा बाप, हमारी मां, ये सब साले हमें बेकार समझते हैं। हमें कोई नहीं चाहता। हमारे दिल पे क्या बीतती है, पता है?..."

पता नहीं यह दारू का असर था या भावनाओं का, मैं अपना प्रलाप रोक न सका।

मुझे रुलाने वाला खुद मुझे हक्का बक्का देख रहा था। मेरा मन बादलों की तरह उमड़ घुमड़ कर आ रहा था और आंसू सावन भादो की तरह बरस रहे थे।

"करना पड़ता है, सब कुछ सहन करना पड़ता है। जब आप कोई महान कार्य करते हो तब तुम्हारे अपने भी तुम्हारे दुश्मन बन जाते हैं..."

वह चुपचाप मेरे चेहरे की ओर देखने लगा। शायद उसे लगा होगा कि मुझे चढ़ गई है।

"हमें भी किसी की परवाह नहीं... मैंने बोतल सहित हाथ को हवा में लहराते हुए कहा।"

इसके बाद हम गाड़ी स्टार्ट करके वापस चले आये। वह रास्ते भर चुप रहा। अपने घर के थोड़ा पहले ही उसने मुंह खोला, "मैं दमण जा रहा हूँ।"

"क्यों?"

"वहीं रहूंगा।"

"अपनी बहन और जीजा के साथ? साले तुम्हें शरम है कि नहीं?"

"मेरे जीजा वहाँ मुझे काम दिला देंगे।"

"तो अब मेहनत मजूरी करोगे?" मैं तो साफ-साफ उसे बहकाने की कोशिश कर रहा था, "साले! इतनी मौज मस्ती की ज़िंदगी तुम्हें पसंद नहीं?"

"यह कोई मौज मस्ती है? गुंडे बदमाशों की तरह मार-पीट करना..."

"स्साले! क्या कह रहे हो? सोच समझ कर बोलो। धर्म की रक्षा करना, देशभक्ति के काम तुम्हें गुंडागर्दी लगते हैं?"

"लोग तो हमें यही समझते हैं न?"

मैंने गाड़ी रोक दी।

"तुम यहीं उतर जाओ साले," मैंने उसे गाड़ी से उतार दिया।

"तुम लोग साले, मेहनत मजदूरी के ही लायक हो..."

मैं जानता हूँ ये छोटे लोग साले, वीरोचित कार्यों के लिये बने ही नहीं हैं।
वह उतर गया।

"ये नेता लोग हमारा इस्तेमाल कर रहे हैं।" वह डरते-डरते बोला।

"तुम जाओ बे! आज से तुम हमारे दोस्त नहीं।"

वह थोड़ी देर कुछ सोचता रहा फिर बोला, "मेरे जीजा जी बता रहे थे, दामोदर भैया का खुद ही काफ-लेदर एक्सपोर्ट का धंधा है..."

"हाँ, वो तो बोलेंगे ही। कम्युनिस्ट हैं न जीजा जी?" मैंने कहा, "और तुम साले बुड़बक मान भी गये?..."

महादेव चला गया। बताइये ये भी कोई बात हुई? इतने दिनों से हमारे साथ काम करके भी दामोदर भैया को नहीं पहचाना। उन्हीं का नमक खाया और आज उन्हीं पर उंगली उठाता है। स्साला नमक हराम! बताइये स्साला, इतने बड़े गौ भक्त को गौ माता के चमड़े का एक्सपोर्टर बताता है...

मैं ऑफिस चला आया लेकिन शराब के हल्के-हल्के नशे के साथ महादेव की नमक हरामी पर गुस्सा बढ़ता जाता था। बार-बार वही बात याद आती, "...दामोदर भैया का खुद ही काफ-लेदर एक्सपोर्ट का धंधा है..."

इस बात से मेरे दिल में भी खलबली मचने लगी। मन कुछ संदेह भी उठे। कुछ अनसुलझे रहस्य भी याद आये... लेकिन भगवान पर कोई संदेह करता है? वे हमारे भगवान हैं। बताइए स्साला हमें भड़काने की कोशिश करता है? अरे, हम तो भक्त हैं उनके, हम पूजा करते हैं दामोदर भैया की। हमें भड़काता है... यह कहीं कम्युनिस्ट लोग का जासूस तो नहीं है...

बैठे-बैठे हम यही सोच रहे थे, कि हमने गलत किया जो गद्दार को जिंदा छोड़ दिया। यह पता नहीं किस-किस को भड़कायेगा? जान से ही मार देते। दामोदर भैया सब सम्हाल लेते। अरे, ये पुलिस, ये कानून कोई दामोदर भैया से बड़ा है क्या...?

तभी एक लड़का भागा-भागा आया। बोला, "भैया, वो फिर आया है।"

"अबे, कौन फिर आया है? तुम्हारा बाप? ..." मन में एक बार खयाल आया कि महादेव तो नहीं वापस आ गया।

लड़का थोड़ा झेंपा, फिर थोड़ा हकला कर बोला, "भैया वो भाभी का आशिक...?"

एक झन्नाटेदार झापड़ पड़ा साले के मुंह पर, "स्साले भाभी के बारे में इज्जत से बात किया करो..."

"भैया वही लड़का..." वह गाल सहलाते हुए कहने लगा। लेकिन तब तक मेरा गुस्सा सातवें आसमान पर पहुंच चुका था।

"चलो रे! गाड़ी निकालो। हथियार डालो गाड़ी में। आज साले को देख ही लेते हैं..."

पल भर में तैयारी हो गई और हमारी जिप्सी पहुंच गई कालोनी के सामने।

वह कालोनी के सामने ही मिल गया। हम लोग तुरंत गाड़ी से कूदे और चारों तरफ से उसपर हमला बोल दिया। हॉकी, रॉड, लाठी...

यह हमारी स्टाइल का हमला था। उसको सम्हलने का मौका ही नहीं मिला। अगले ही पल वह मुंह से खून उगलता हुआ सड़क पर गिर पड़ा। पल भर में उसका शरीर लहूलुहान हो गया था। पता नहीं ज़िंदा या मुर्दा...

यकायक वह भागती हुई आई और उसके शरीर पर औंधी गिर पड़ी। उसे चोट न आ जाये इस लिये हमें पीछे हटना पड़ा। अचानक मेरा सिर चकरा गया...

वहां एक भीड़ इकट्ठा हो गई थी। उस भीड़ में कितने ही लोग थे जो मुझे बचपन से जानते थे। जो मेरे अपने थे। जो अविश्वास, हैरानी और घृणा के मिले-जुले भाव से मुझे घूर रहे थे।

मैंने देखा एक-एक कर मेरे दोस्त खिसक गये और मैं अपनी हैरानी और परेशानियों के साथ खड़ा रह गया हूँ। मुझे घूरती हुई निगाहों के बीच। बिल्कुल अकेला...

और जब पुलिस मुझे लेकर जा रही थी, गाड़ी की खिड़की से मेरी नज़र वहीं लगी हुई थी। वह अब भी उसकी लाश से लिपट लिपटकर चीख मार मारकर रोती जा रही थी। कभी उसके सिर को अपने सीने से लगाती कभी गोद में लेती कभी उसके सिर को चूमती...

"छिनाल!!..."

एक मोटी सी गाली मेरे मुंह से निकली और नफरत से ढेर सारा थूक...

अगर अभी वह यहाँ होती तो मैं उसके मुंह पर ही थूक देता। लेकिन गाड़ी के फर्श पर थूक दिया और पुलिस का एक डंडा खाकर तिलमिला उठा। तिलमिलाया हुआ तो मैं इस बात पर भी था कि अचानक मेरे जाँ निसार, मेरे दोस्त कहाँ गायब हो गये थे। यहाँ मैं अकेला था। बिल्कुल अकेला...

मेरा भाई थाने पहुंचकर वहीं मुझपर चिल्लाने लगा, "तुझे पहले ही कहा था न..."

माँ रोते हुए बोली, "हमने तेरे लिये क्या-क्या सोचा था... तूने हमें कहीं मुंह दिखाने लायक नहीं छोड़ा..."

पिताजी? पिताजी कुछ नहीं बोले। बस सदमा खाकर बिस्तर पर गिर पड़े और खामोश हो गये...

लेकिन मेरे दोस्त यार तुरंत ही थाने पहुंचे। एक वकील और दामोदर भैया के साथ। मैं जानता था, वे मेरे लिये कुछ करेंगे। कुछ न कुछ तो करेंगे ही। वे घटनास्थल से भागकर सीधा दामोदर भैया के पास पहुंचे थे। दामोदर भैया ने तुरंत अपने वकील को बुलाया था और...

"ठीक है, तुम्हारा तो बाल भी बांका नहीं होगा। लेकिन जैसा मैं कहूंगा वैसा ही करोगे तो..." पूरी बात सुनकर, वकील साहब ने कहा।

और उन लोगों ने भी ठीक वैसा ही किया जैसा वकील साहब ने सिखाया था। उन लोगों ने वकील और दामोदर भैया की मौजूदगी में, पुलिस में अपना बयान दर्ज कराया कि 'मेरी उस लड़के से पहले भी कहा-सुनी हो चुकी थी, उस लड़के की बहन को लेकर... और आज मैं उनके सामने ही गुस्से में हथियार लेकर उसे जान से मारने के इरादे से निकला तो वे बीच बचाव करने की गरज से वहाँ पहुंचे। लेकिन मैंने किसी की एक न सुनी और उसे पीट-पीट कर मार ही डाला...'

इस बयान के साथ ही वे मेरे खिलाफ पुलिस की तरफ से चश्मदीद गवाह बन गये।

मैं तिलमिला उठा था। मैं लॉकअप में से ही चिल्लाने लगा। मैं चाहता था, वे एक बार मेरे हाथ पड़ जायें तो उन्हें गद्दारी का मज़ा चखा दूँ। मैं लगातार लॉक-अप की लोहे की सलाखों को तोड़ने के लिये पूरी ताकत लगाता कभी सिर पटकता और कभी हाथ पैर...

बस, इससे आगे मुझे पता नहीं...

मैं यहाँ कब और कैसे पहुंचा? मुझे पता नहीं। यहाँ?... इस पागलखाने में... पता है तो बस इतना कि मैंने यहाँ अपने आप को एक पलंग पर बंधा हुआ पाया। यहाँ वे लोग मुझे कभी बिजली के शॉक देते हैं, कभी नींद के इंजेक्शन लगाते हैं। वे मुझे इस पागलखाने का सबसे खतरनाक पागल कहते हैं। वे चाहते हैं, मैं शांत रहूं। लेकिन कैसे? वे चाहते हैं मैं गहरी नींद में सो जाऊँ...

सच कहूँ तो मैं भी गहरी नींद में सो जाना चाहता हूँ... लेकिन कैसे?

वे गद्दार, मुझे सोने नहीं देते। दिन का उजाला हो या रात का अंधेरा, जब भी मैं अकेला होता हूँ, वे मेरे साथी, मेरे गद्दार, दामोदर भैया और वकील के साथ मेरे सामने आ जाते हैं। वे इतने चुपके से आते हैं कि उन्हें मेरे सिवा कोई देख नहीं पाता। इस लिये कोई मेरा विश्वास नहीं करता। यहाँ तक कि डॉक्टर भी मुझपर विश्वास नहीं करते और वे, डॉक्टर और बाकी लोग मुझे और शॉक देते हैं। लेकिन कोई मुझपर विश्वास करे या न करे मैं जानता हूँ, मेरे वे गद्दार दोस्त, वकील और दामोदर भैया, मुझे चिढ़ाने के लिये आ जाते हैं। मैं उनका कुछ बिगाड़ नहीं पाता

क्योंकि मैं अपने पलंग पर बंधा होता हूँ। तब वे मुझपर हँसते हैं। मेरी मजबूरी का मज़ाक उड़ाते हैं...

लेकिन कभी-कभी वह भी आती है। वह जिसके प्यार में बदनाम, मैं यहाँ तक आ पहुंचा...

बिल्कुल शांत और धैर्य के साथ वह आती है। उसे कोई देख नहीं पाता वह इतनी खामोशी के साथ आती है। वह मुझसे कहती है, "मैं तो तुम्हें अच्छा इंसान समझती थी। मैं तो तुमसे प्यार करती थी। मेरी माँ और तुम्हारी माँ तो हमारी शादी कराना चाहती थीं... फिर क्यों? क्यों तुमने मेरे छोटे भाई को मार डाला? आई हेट यू..."

और वह जाने लगती है। मैं उसे रोकना चाहता हूँ। मैं उसे चीख-चीख कर कहता हूँ, "नहीं, मैंने तुम्हारे भाई को नहीं मारा। तुम्हें कोई गलतफहमी हुई है..." लेकिन वह रुकती नहीं और मेंटल-हॉस्पिटल वाले भागकर आते हैं और मुझे नींद का इंजेक्शन लगा देते हैं।

मैं उसे देखता हूँ, वह जा रही है, मैं उसे पुकारना चाहता हूँ... लेकिन मेरी आंखें बोझिल हो रही है... मेरी आवाज़ घुटती जा रही है...

11

शर्म हमको मगर नहीं आती

"शर्म नहीं आती?"

"शर्म क्यों आयेगी...?" वह बोला- "अपने पैसे से पीता हूं। भीख नहीं मांगता। मुझे क्यों शर्म आयेगी?"

मैंने भिखारी से कहा- "हट्टे कट्टे होकर भीख मांगते हो शर्म नहीं आती?"

"शर्म क्यों आयेगी भीख मांगता हूं, कोई चोरी तो नहीं करता। शर्म तो चोर को आनी चाहिये।"

मैं चोर के पास गया।

"शर्म नहीं आती?" मैंने कहा।

"क्यों भाई? मुझे शर्म क्यों आयेगी? कोई मुफ़्त में करता हूं... निछावर देना पड़ता है। कहां से दूंगा? धंधा है भाई, कमाऊंगा नहीं तो दूंगा कहां से। शर्म तो उनको आनी चाहिये..."

"शर्म नहीं आती?"

"शर्म हमे क्यों आयेगी। हम तो बैठे इसी के लिये हैं।" वे बोले।

"नहीं, आप तो जनता की रक्षा के लिये बैठे हैं।" मैंने कहा।

"झूठ है सब। असल में तो हम सत्ता की रक्षा मे बैठे हैं।"

"तो वही कीजिये न?"

"वही तो कर रहे हैं भय्ये। सत्ता कहां से आती है? पैसे से। हमारा तो कोटा बंधा होता है भय्ये। शर्म तो उनको आनी चाहिये जो हमारे ऊपर बैठे हैं।"

यही बात ऊपर वाले अफ़सरों से पूछा। वे बोले- "क्यों शर्म आयेगी? क्या मुफ़्त में यहां बैठ गये हैं? लाखों देकर पोस्ट मिली है, कमायेंगे क्यों नहीं? फ़िर कौन सा हम अकेले कमाते हैं? यह तो ऊपर तक जाता है। आप तो मन्त्री जी से ही पूछिये।"

"शर्म नहीं आती?" मैंने मन्त्री जी से पूछा।

"क्यों शर्म आयेगी?" वे बोले, "क्या यह सब मुफ़्त में मिलता है। ससुरा...! पईसा न खर्च किया है, तब तो इहां तक पहुंचा हूं। भूल गये वो मुफ़्त का दारू... मुर्गा... कम्बल... पईसा... सब भूल गये क्या...?"

क्या जवाब दूं। मैं तो इस देश की जनता हूं। मैं शर्मिन्दा हुआ तो देश शर्मिंदा होगा।